AF405406

www.ingramcontent.com/pod-product-compliance
Lightning Source LLC
Chambersburg PA
CBHW071228130726
47998CB00002B/872

بخطوط أقلامنا

اسم الكتاب: بخطوط أقلامنا

نوع الكتاب: خواطر مجمعة

تأليف: مجموعة مؤلفين

تصميم الغلاف: حنين منصور

التصحيح اللغوي: نورهان إبراهيم

التنسيق الداخلي: نورا سليمان سيد

رقم الإيداع: 2023/19418

الترقيم الدولي: I.S.B.N   978-977-86904-1-5

جمهورية مصر العربية- القاهرة

مدير النشر: أحمد مكي   جهاد محمود

01142340175 —01208209008

Ahmedmakay79@gmail.com

©جميع الحقوق محفوظة للناشر

وأي اقتباس أو تقليد وإعادة طبع أو نشر دون موافقة كتابية، يعُرض صاحبه المساءلة القانونية، أما الحقوق الملكية الفكرية والآراء والمادة الواردة في الكتاب فهي خاصة بالكاتب فقط لا غير.

بخطوط أقلامنا

أشعرُ و كأنه اليوم الأخير، أنها آخر أنفاسي في تلكَ الحياة يا صديقي ، أشعر أن نهايتي تقترب ، و بعد قليل فقط سأكون بجوار الرحمن ، أشعر أنني لن أخرج مِن تلكَ الغرفة بعدمَا أدخل الآن، و إن كُتِبَ ليّ الخروج لن أخرج على قدماي، قلبي ينفطر خوفًا يا صديقي، سأذهبُ و لن يَكُن ليّ مكان بينكم ، قد تُريد سماع صوتي ذات يوم و لن تجدني، قد يتذكرني أحدهم و يقول كيف كُنت لطيفة في حياته ، و قد يتذكرني آخر و يلعن ذكرايّ لا أريد أن أكونُ السيئة في رواية أحدهم يا صديقي ، لا أريد الذهاب تاركةً خلفي العديد و العديد مِن الأخطاء ، لم نُفَكِر أبدًا في ذلكَ اليوم ، لم نُفَكِر بنهايتنا أبدًا ، لم نُدرِك أنها فانية، شُغِلنا بِها وخُدِعنا ، لم نفعل شيء للآخِرة، و لم نفعل ما يستحق في دُنيانا ، نحن يا صديقي كُنا في صراعٍ دائم طيلةَ أعوامنا في الحياة ، صراعٌ مع الحياة أو مع بعضنا، و ربما مع أنفسنا أيضًا ، نحن نبتعد دون تفكير نترك أنفسنا للخصام لا نُدرِك أنه سيأتي يوم الفراق لا يعلم أحد وقته، لا نعلم مَن سيذهب مِنا أولًا، و لكن سيأتي يوم ويرحل أحدنا ، فَلِما الخصام إذا!؟ مِن أين نأتي بالثِقةِ أننا سنبتعد وسنعود مرة أخرى ونتلاقى؟ رُبما لن نَكُن على قيد الحياة بَعد خمس دقائق مِن الآن، ماذا سَتفعل يا صديقي؟

جهاد محمود سيد

أ تستطيع فهم ما بِي؟ فأنا لم أفهم مني شيئًا ، أشعرُ و كأني شخص و بداخلي شخص آخر ، أشعر بأنه يتألم و لكن لا أفهم لماذا ، عادة حينَ يحدثُ شيء سيء لا أكترثُ، فلا أرى شيء يستحق الحُزن و التفكير المفرط بِه ، و لكن بدون قصد أُفَكِر ، أُفَكِر كثيرًا حتى يتألمُ عقلي مِن الإجهاد ، و حين أنتهي مِن التفكير أتمم أنه لا شيء يستحقُ و أُكمِل حياتي متناسية ما حدث ؛ غير مكترثة للساعات الطويلة التي قضيتها في التفكير ، أثناء انشغالي في الحياة تمرُ ببالي ذكرى لشيء بائِس آخر تنشرُ الحزن في قلبي ثم تذهب ، و لا أكترثُ أيضًا لها و لم أسأل كم قَضيت مِن الوقت حزينةً ، تمر بيّ ليالٍ طويلة يَقتُل الأرق فيها زهرتاي فتنتشر تلكَ الهالات السوداء حولهما، قد كان شعاري في الحياة هو الصمت و الجمود أمام الأشياء البائسة تلكَ ، فالحياة لا تستحُق يا عزيزي نفسي أهم مِن كُل تِلك التفاهات الدُنيوية ، حتى اكتشفت أنني سَيدة الإهمال ، و أول إهمالي هو إهمالي لنفسي ، إهمالي لحُزني وترك التراكمات تملىء روحي ، اكتشفت أنني مُخطئة بحق نفسي و التي إن حكمت عليَّ بالإعدام شنقًا والله أنها لن تَكُن مُخطِئة.

جهاد محمود سيد

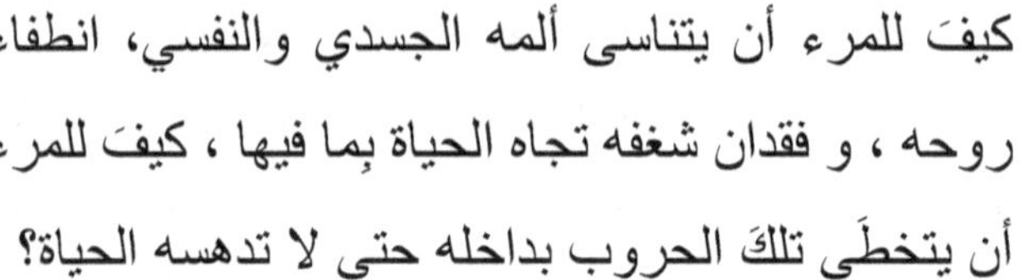

كيفَ للمرء أن يتناسى ألمه الجسدي والنفسي، انطفاء روحه ، و فقدان شغفه تجاه الحياة بِما فيها ، كيفَ للمرء أن يتخطَى تلكَ الحروب بداخله حتى لا تدهسه الحياة؟

أشعر أنني ملازمة للسير إن توقفت لحظة سينتهي أمري لم تَكُن فترة و سَتمر يا صديقي ، بل هي الحياة نحن مَن لم نَكُن نعلمها فقط ، كُنا نَكذُب على أنفسنا حتى نتحمل و كأنها فترة ، و لكنه العمر يا عزيزي ، أشعرُ أن عمري ينضُب و أنا أنتظر أن تبتسم ليَّ الحياة ، أجاهد في النسيان و التخطي حتى أستنفذت بهما كُل طاقتي ، أتحمل الخذلان و المفاجآت غير السارة إطلاقًا و تأتي لي الحياة بأسوأ مِنها ، كلما أحاول التخطي و الاستمرار تصفعني كفًا يعود بيَّ لنقطة الصفر ، و أنا قد سئمت منها ، فأخبرني يا صديقي ؛ كيف ليَّ أن أنجو مِن تلك الدوامة؟!

جهاد محمود سيد

كل الطُرق كانت تُؤدي إلى الهاوية، وأنا من غبائي ظَننته طريق النجاة ضاعَ الأملُ في عيني وانطفأت شمعةُ الفرح، أعلمُ أنَّ الحياة ليست سهلة، لكن أشعر بأنني أغرق في بحرٍ من الحزنِ بلا نهاية.

حسناء زين الغزاوى

☆أبنة الغزاوى☆

كنتُ أريدُ نجمة ويشاءَ الله أن يناولوني القمر، والمقصود بالقمرِ هو أنتَ.

حسناء زين الغزاوي

«أبنة الغزاوي»

لماذا ذهبتِ وتركتيني وحيدًا في هذا العالم، أنتِ وعدتينني أنكِ ستظلِ بجاني طوال حياتك، أينَ وعودك لي، أين كلامكِ عن الأمان الذي كنت أشعر به وأنتِ بجانبي، أين أحادثكِ عن البقاء وعدم الرحيل، أين وأين وأين، أشياء كثيرة رحلت مع رحيلك ، بقيتُ بمفردي، واجهت الحياة لحالي لا أحد معي، أنا ضعيفٌ بدونكِ، أنتِ من تعطيني القوة لأكمل الحياة، والآن باعد الموت بيني وبينكِ، أدعو لكِ دائمًا في صلاتي أن يَلقيني بكِ في أقرب وقت، فأنا بدونكِ لا شيء، فأنا أنام كثيرًا لتأتيني في الحلمِ وأتحدثُ معكِ عن حياتي وكيفَ سارت من بعد رحيلك.

حسناء زين الغزاوى

«أبنة الغزاوي»

وحدي أنظرُ إلى المرآة بدموعٍ تنزلُ بصمتٍ لا أعلمُ من أنا كيفَ حدث هذا و لماذا أصبحتُ روحًا مدمرةً هكذا ، لم أعرف نفسي لم أصبح كسابقِ عهدي فتاة تحبُ الحياة والمغامرة ، فتاة تشع بالأمل و النور لكن أنظرُ إلى نفسي الآن أجد نفسي مختلفة تمامًا أجدُ بقايا روحٍ مهشمةٍ من معركة حطمت فيها نفسي قبل جسدي ، معركة قُتلت فيها أحلامي أجد فتاة أخرى اليأس تملك منها والحزن حليف وجهها ، هي الحياة من فعلت هذا نضجت و علمت بأن تلك الحياة مغامرة ، و رحلة صعبة إما أن تواجه أو تموت حسرة ، نضجت و قاومت و حاربت لكن لم يعد بإمكاني الإستمرار كنت أظن بأني وحدي أستطيع و بأني لا أحتاج أحد ليقاوم معي فلم أكن بأن تلك الحياة مليئة بوحوشٍ جُردت من قلوبهم الرحمة ، و أشخاص يسخرون منكَ مدعيين بأن السخرية مزحة، فكم اشتقت لحضن أمي الذي كنت أهرب إليه حينَ أتشاجر مع أحد أو طفولتي التي كنت أرسم فيها أحلامي علي ورق فنضجت لتتناثر تلك الأحلام كالغبار ، و تحولت من تلك الطفلة السعيدة إلى فتاة مكبلة بالألم و الخذلان

روان أحمد

أجلسُ كعادتي في مكاني المفضل أراقب غروب الشمس، و أستمتع بصوتِ الأمواج التي تتصادم مع الصخور فذاك المشهد كفيلٌ أن يلهمني الهدوء و الراحة أزيحُ خصلات شعري الذي يداعبها الهواء ، و الابتسامة تزين ثغري لكن سرعان ما تلاشت ابتسامتي و حلَّ مكانها الألم و الصدمة حين رأيته نعم معذبُ قلبي الذي تَفنن بعذابي و تحطيمي لكن مَن تلكَ التي تجلس معه ، مرارة سَرت بأنحاء جسدي و دموعي تترقرق في عيناي فلم أعد أشعر بأي شيء حولي ذكرياتنا معًا ظلت تهاجمني و مشهد انفصالنا يتكرر أمام عيناي ببراعةٍ ، يومها لم أنسَ كيفَ أتانى و طلب مني الانفصال ، و الابتعاد عنه بكل برودٍ غير عابئٍ بصوتِ كسر قلبي ، أو بروحي التي انتزعت من جسدي تركني روحًا مهشمةً أعالج من الندبات التي سببها لي ، حبيسةَ غرفتي أعاني وحدي من الألم ، و العذاب ، و حبه الزائف إلي أن تعايشتُ مع واقعي و مع رحيله و الآن بعد كل تلكَ السنوات أراه كم وددتُ أن أذهب إليه و أصفعهُ صفعةً تُعبر عن مدى العذاب الذي حلَّ بي بسببه أو أخبره بمدى الألم الذي سببهُ لقلبي ، لكن هيهات لم تساعدني قدماي على الوقوف كأنها تخبرني حتمًا بمدى ضعفي أمامَه فعقلي أصبح يُحثني على الرحيل ، فأغمضتُ عيناي ألمًا مُحدثةً ذاتي بأني ضعيفة و لازلتُ أعاني من رحيله ، و تلك المقابلة خير شاهد و دليل علي ذلك ، تلك المقابلة أحيت الألم بداخلي و الذكريات التي أشأ في نسيانها تلكَ المقابلة التي أثبتت لي بأني لم أنساه يومًا ، و أني كنت أتظاهر بالنسيان.

روان أحمد

لا أشتاقُ ولكنني أقلق لازالت قطعة من قلبي عالقةً ومتشبثة بروحه تخطيته بنسبةٍ ضخمة تُعادل عشقي له لكنه يزور أحلامي ولأحد الأسباب مازال يسكنُ أفكاري لازلت أذكرك ، و لمستكَ ، و عيناكَ حتى و إن كان أساس كل تلكَ المشاعر زائفَة ، و لكن رغمًا عني أحتفظُ بهم عقلي بأحد أركانه ، أغلقتَ البابَ خلفكَ و نسيت بداخلي ذِكرانا ، أحلامنا و آلامنا معًا ، تركتُ اسمك بين البشر يَذبحني في كل مرةٍ أقرأه أسمعه ، أو أنطقه ، أغلقتَ الباب خلفك و أخذت مني أماني ، نفسي ، بهجتي، و أحلامنا

ولكن كمَا اعتدتُ أنا أجد نفسي أينما رَمت بيّ الطُرق أنا دائمًا أجد طريقة لإنقاذي.

جميلة راضي

★★★★★★

لا أحدٍ باقٍ لكَ مهما طالت سنواتكم وتعددت ذكرياتكم، فلا تجتهدُ لأجل بقاء أحدهم تذكر أنكَ فقط ستصبحُ اسمًا قد يمرُ بذاكرته، أو حكاية قد تكون بها من أفسدها، جميعنا أُناسٌ عابرون فيه حيوات خلائلنا وأصدقائنا جميعنا فترات فلا تتعلق و تتشبثُ بوجودِهم أو تراهن على بقائهم .

جميلة راضي

لا أكتبُ إلا عنكِ، وكأن مواضيع العالم قد اختفت جميعها في الماضي كنتُ أكتبُ عن آلامي كلها هل اختفوا جميعًا أم هانوا أمام آخرهم لا أكتبُ إلا عن ذلكَ الألم عندما أشتاق إليكَ و لا أجدكَ ، و عندمَا أغارُ و أنت لستُ ملكي " لم تعد ملكي" هذا ألم من نوع آخر فمن حولكَ باستطاعتهم سماعكَ، لمسكَ و رؤيتكَ تضحك أو حتى تشرد، بينما أنا لا أملكُ حق النظر إلى أعينكَ حتى من بعيد .

جميلة راضي

★★★★★★

كعادتي لا أذكرُ كثيرًا عن الأمرِ سوى أنَّ الأمور حقًا كان تزداد سوءًا من جميع الجهات ، لا أعلمُ ما هو السر في تذكر اللحظات الأكثر تعاسة دائمًا ؛ لا أذكر من الجيد فيها سوى تلكَ الأيادي التي كانت تربط على قلبي و بالأخص تلكَ التي كانت تشاركني نفس الرحلة ؛ و مع ذلكَ كانت تعينني على النهوض من القاعِ دائمًا ، ليس فقط النهوض أخذتني إلى القمة أيضًا ربما لم تتحقق كل الأماني التي سعينا معًا من أجلها و لكننا الآن مازلنا معًا رغمًا عن أنفِ القدر الذي لم يمنحنا السعادة كاملة قط ، نحنُ معًا لازلنا نتنفس نفس الهواء الذي أطاح بكل منًا في مكان غير الآخر .

جميلة راضي

أجلسُ في فراشي أحاولُ النوم منذُ ساعاتٍ، وها هي الآن الساعة الـ 01:00 بعدَ منتصف الليل ولم أعرفْ للنومِ طريق، تراودني تلكَ الذكريات ككل ليلةٍ وكأنها وحشٌ مفترس يمزق قلبي بمخالبِه الحادة إلى أشلاءٍ ، تتعالى أنفاسي و كأنني أركضُ في طريقٍ لا نهاية له ، لم أكن أعلمُ أن اللحظات الجميلة يمكن أن تصبح بهذا السوء يومًا ما، أتمني لو كان باستطاعة الإنسان إسكاتَ عقلَه ، و صرفَه عمَّا يؤلمه و لكن فيما يفيد التمني؟!

مـروة علي

★★★★★★

لم يظهرْ علىَّ ألمَ الفراق حينَ رَحيلها كنتُ أقفُ بثباتٍ مزيفٍ و كأنَّ الأمر لا يعني لي الكثير، لوحتُ لها مودعًا وابتسامةً كاذبةً تعلو وجهي، لم تدمع عيني حتى ولكني كنتُ أحترقُ من الداخل، شعرتُ بقلبي يعتصرُ بين أضلعي و كأن روحي تحتضرُ، لم أشعرُ بالهواء في رئتي رُغم أني أتنفس، كنتُ أظنُ أنَّ فراقها سهلًا لكنه كان الأصعب على الإطلاق لقد مَرَّ على قلبي مثل مرور السيف على الأعناقِ، و لو سألتني عن أصعب ألم في الدنيا لقُلتُ هو ذاكَ الألم الذي يرافقكَى بعد غياب من تحب ومن تأنس به روحكَ و تطيبَ به دُنياك نعم هو ألم الفراق.

مـروة علي

قال: عندما مررتِ بجانبي وقد تخطيتِني نظرتُ إليكِ وجدتكِ قد توقفتِ، لماذا؟

قُلت: وكيف لا أتوقف وأنا قد تخطيت قلبي بالخلف أيمضي المرء دون قلبه؟!

مروة علي

إلي عزيزي الغائب:

كَما كنت أقول دائمًا حين الاطمئنان عليك: كيف حالكَ يا كل حالي؟ مَر على فراقنا أيامًا كثيرة لستُ أحصيها، تغير بها كل شيء حتى أنا لم أعد كما كنتُ سابقًا لم أعد أشعر بالحياة وكأن روحي ذهبت معكَ عند رحيلك، لم أعد أرى سوى الظلام الدامس وكأنكَ كنتَ نورًا لعيناي، أتعلم؟ أشعر أنه مر على فِراقنا مئآت الأعوام ورغم هذا أتذكركَ وكل ما بيننا وكأننا افترقنا بالأمس، لازلتُ أذكر أول مرةً رأيتكَ بها تلكَ المرة التي تعثرتُ بها عيناي بعيناكَ فسقط قلبي، لازلتُ أذكر ملامح وجهك وكأنكَ أمامي الآن، للحق حاولتُ نسيانك ولم أستطع كل محاولاتي تبوء بالفشل أراكَ في وجوه جميع البشر، وكأن الدنيا خالية منهم جميعًا إلا منك، أعلم أنكَ تعاني مثلما أعاني تعالَ ليداوي كل منّا جرحُ الآخر مازلتُ أنتظركَ، وسأظل هكذا إلى أن تأتي، والسلام لقلبك.

مروة علي

أقول لنفسي، وأنصحها باستمرار في الكفاح وألا تيأس، وتتأثر ببعض من الكلمات السخيفة التي تُنتقد لتجرح وتفجع الروح ؛ بربكِ يا نفس عليكِ بإرضاء ربكِ ، يا روحُ هيا بنا نثبتُ على الحق فالدارُ ليست دارنا ، لنعمل للجنة و لنصبر و نثابر للوصول للغاية المرادة .

فرح عبد الفتاح السيد

"بنت أهل السنه والجماعة"

بحضنكِ أتناسى الأحزان يا رفيقًا عشتُ بين أكفف يديه أعوامًا، يا غاليًا على الروح، يا حبيب القلب، يا رفيق الروح، يا أغلى من يستحق حبي من يحل بلا ثمن أبي أحبكَ بقدر حبكَ لي.

فرح عبد الفتاح السيد

"بنت اهل السنه والجماعة"

السلامُ عليكِ يا رفيقةَ الدرب يا غالية الروح، يا صُحبة الجنة أهكذا ستقابلين ربكِ بهذا اللباس تدخلين الجنة، يا غالية اتقي الرحمن في ملابسكِ لأجل الجنة، هي يا صُحبة الجنة نبدأ مِن جديد لنغير اللبس لنجدد التوبة ، لنطهر القلب ، و لنضيء الوجه.

فرح عبد الفتاح السيد

"بنت أهل السنه والجماعة"

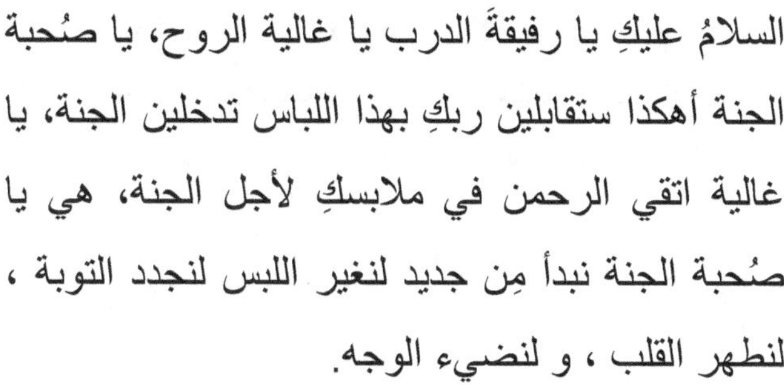

يا وردة تفتحت وَسط قساوة الحياة، يا قطعة من الماس تشَكلت رغم ضغوطاتِ الحياة بربكِ وقوعكِ في بعض المشكلات يجعلكِ تُخرجي أجمل ما عندك، يا بسمة وَسط هذه الأحزان لا عليكِ سَيجعلُ ربي بعد العسر يسرًا.

فرح عبد الفتاح السيد

"بنت أهل السنه والجماعة"

يا غالية القلب بربكِ كفى حزنًا لا شيء يستحقُ نزول هذه الدموع التي تشبه قطرات المسك، واحمرار خديكِ التي تشبه الورد الأحمر من كثرةِ البكاء، كفى يا حبيبة الروح سَيجعلها ربي يسرًا، ماذا يحزنكِ تأخُر الإجابة وربكِ يعلم ما القلب يناسب ، أختي كفى بالرحمن رفيقًا بقلبكِ ، كفى يُحب هيا بنا لنمسح الدمع ليضحك القلب بيقين يَزادد بلا إله إلا الله فسلام الله على قلبكِ حتى يهدأ .

فرح عبد الفتاح السيد

"بنت أهل السنه والجماعة"

★★★★★★

ما بالكَ يا قلب تَرجف حزنًا، تالله

تكادُ تَتحطم ألمًا وحزنًا الحرب التي تدورُ، ولا يَعلمها أحد بكاء القلب في صمتٍ حقًا أن سِقم القلب مرهق ، بربكَ كفى و اهدأ و ارتجالك هذا سيدمركَ اهدأ بِسم الله عليكَ حتى تهدأ .

فرح عبد الفتاح السيد

"بنت أهل السنه والجماعة"

يا ريحانة الأمل تالله تبسمِي، فجمالُ ثغرك لا يقاوم، يا وردة بدَت كالقمرِ يا ريحانة في وسط البساتين، يا صحبة بدأت ببعضٍ منَ الآيات، يا رفيقة الجنة أسألك برحمن في الجنة نلتقِي في الجنة ساره وجه الرب فهي بنا، لنعلى لا إله إلا الله.

فرح عبد الفتاح السيد
"بنت أهل السنه والجماعة"

★★★★★★

يا خليل العمر سبحانَ من جعلك كالقمر تضيء الدرب، يا رفيق الدرب والذي تفسي بيده لا يوجد سواك من يفهم لغات عيوني، يا خليل الروح توبخك لي وصفعكَ لي بأقسى الكلمات عند السير في طريق خاطئ، فاللهمَّ احفظ لي خليل دربي.

فرح عبد الفتاح السيد
"بنت أهل السنه والجماعة"

أختي إنَّ الخمار ما جُعل لتكوني فاتنة الجمال، يا رفيقة الدرب إنَّ الخمار جُعل لإخفاء الزينة فلا تتبرجي، يا صحبة الجنة؛ فالسترُ دليل حيائك لتزهري بعفتكِ وحيائكِ.

فرح عبد الفتاح السيد
"بنت أهل السنه والجماعة"

نور يتألق بجمالِ قولكِ فتحسين اللفظ من جمال خلق المرئ، تهذيب لسانه على محاسن القول يا صديقي فكلمات تقتل وبعضها تحيي أرواحًا قد ماتت من أثر بعض هذه الكلمات التي تَمرقُ في صدرِ مَن يسمعها كم يمرقُ السهم في الرمية.

فرح عبد الفتاح السيد
"بنت أهل السنه والجماعة"

أحبكِ يا أمي ، أحبكِ حبًا ليس له نهاية ، أحبك و الحب عليكِ ليس كافيًا ، فإذا حكيت عنكِ أجمل حكايةً أنا أختبئ من الدنيا في حضنك ، يا أمي حضنكِ حماية ، يا أمي حبي لكِ يزداد يوم عن يوم ، دائمًا تري أنني صغيرة مهما كبرتُ ، قمتِ بالتضحية من أجلي ، فحياتكِ تحتاج إلى دراسة ، و نظراتكِ كلها مشاعر حبٍ ، أحبكِ يا أمي حب ليس له نهاية ، أحبكِ و الحب عليكِ ليس كافيًا ، فإذا حكيتُ عنكِ سوف أحكي أجمل حكاية ، يا أمي حضنكِ حماية أنتِ في نظري الأم المثالية أنتِ أمي علمتيني الحروف ، أنتِ أمي عبقرية و كنتِ الأمان من كل خوفٍ أنتِ أم لستُ عادية ، أمي أحبك حب ليس له نهاية ربنا يحفظك.

منى عبد الفتاح

☆☆☆☆☆☆

أخي يا أجمل شخص في حياتي

إذ ذات يوم أصبحتُ حزينة لا أجدُ سواكَ يخفف عني حزني ، و قيل في حب الأخ هو ذلك الجبل الذي عندما تميل بي الدنيا أسندُ نفسي عليه عند الشدائد ، يا أطيب و أحن قلب بكل العالم نحنُ دائمًا نتشاجر ثم نتراضى بسرعةٍ ، كيف لا أحبكَ ، و رب الكون قال سنشد عضدك بأخيك.

منى عبد الفتاح

"الندم على بعد فعل المعصية "

الإنسان يمرُ عليه أصعب المواقف، وأصعب اللحظات تضيق عليه الدنيا بأكمله، وتضيقُ في عينيه، و يشعرُ بأن الكوكب كلهُ جاثم على صدره لا من قلة إيمانه و لكن من قسوة الحياة الملعونة ، و بذلكَ لا تثق بأحدٍ و لا تتعلق بأي شخصٍ مهما كان مدى حبه لكَ تعايَش مع نفسك للتعرف علي نفسك ، و ستكون الأفضل و الأجمل.

يمنى محمد "زهره الاقحوان "

"ليس الصواب من أن تفعل ما يفعله الناس"

ليسَ الصواب أن تفعل ما يفعله الناس إذا بعضهم سواء صواب أو خطأ، ولا تستهين بأي عملٍ في بيتك أو في الحياة العملية، فالنبي كان خادمًا لأهل بيته ومعَ ذلكَ كان رجلاً، وكان لا يستهين بأي عملٍ سواء في التجارةِ أو عمل في المنزل، و ليست الشهامة أن تفعل الخطأ الذي يفعله عالمنا هذا .

يمنى محمد "زهره الاقحوان"

" شخص جديد "

عندما يأتي شخص جديد إلى حياتنا، نحن نفتح أبواب قلوبنا بفرحٍ و ترقبٍ، نحن نتساءل عن قصته وأحلامه و تطلعاته ننظر إليه بعيونٍ مشرقة ، و نرحب به بذراعين مفتوحين ، فالشخصُ الجديد يحمل معه رائحة التغيير ، و نحن نبحر في عوالم جديدة ومجهولة نتعلم منه و نتشارك معه الأفراح والآلام ، نصبح موسيقى تتلاقى أوتارنا و تنساب لحناً جميلاً ، في صميم كل لقاء مع شخص جديد هناكَ فرصة لتوسيع آفاقنا و اكتشاف جوانب جديدة ، نحن نتغير و ننمو ، نتعلم بشكلٍ لا يمكن تصوره ، فالشخص الجديد يعزز من قوتنا و يزيد من حماسنا ، و في بعض الأحيان الشخص الجديد يصبح جزءًا لا يتجزأ من حياتنا نمشي معه جنبًا إلى جنب ، و نبني ذكريات لا تنسى نتشارك الضحكات ، و الدموع ، و ندعم بعضنا البعض في الأوقات الصعبة ، نصبحُ إخوة و أصدقاء، و نحافظ على صلةٍ قوية لا تُنكسر ؛ لذلك افتح أبواب قلبك و استقبل الشخص الجديد بحبٍ و ترحاب ، فالحياةُ قصيرة و الفرص لا تأتي مرتين قد يكون هذا الشخص هو الذي سيغيرُ حياتك للأفضل ، أو قد تكونُ أنتَ الشخص الذي سيغيرُ حياتَه ، فلنتحلى بالشجاعة و نرى الجمال في الآخرين ، و نعطي الفرصةَ للأرواح الجديدة أن تُضيء حياتنا في كل يوم ، لدينا فرصة للتعرف على شخص جديد فلنجعل من هذه الفرصة فرصة للتواصل والتألق ، فلنرحب بالشخصِ الجديد و نتحداه أن يكونُ لنا أحلى صداقة .

مروان كسبان أبو الفتوح

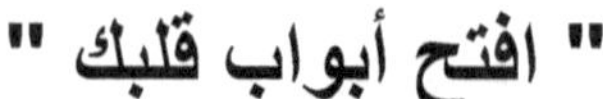

" افتح أبواب قلبك "

افتح أبوابَ قلبك، واسمح للحب أن يدخل دعه يملأ أروقته و يمسح الأحزان، دعه يتسَلل كالنسيمِ و يشعرك بالدفء، لا تَخف من فتحِ الباب و الاستسلام للمشاعر فقلبك مصنوعٌ للحب و العاطفة لا تحجب النور و السعادة بالتشكيكِ والشكوك ، فالحياة قصيرة و الفرصة لا تأتي مَرتين ، فلماذا تعيش بعزلةٍ و أنت تَملك القدرة على الحب ، افتح أبواب قلبكَ ففيها يتكوّن الجمال سترى كيفَ يتغير كل شيء حولكَ ستشعرُ بالسعادةِ و السلام الداخلي ، و ستجدُ نفسك تعيش بألوان الفرح والحنان ، لا تخشى الجروح ، و الخيبات ، و الألم فهي جزءٌ لا يتجزأ من الحياةِ و تعلمنا الكثير، لكن ما يهم هو الشجاعة لمواجهتها و التعامل معها فالحبُ أقوى مِن أي جرح ، و القلب قادر على التعافي ، افتح أبواب قلبك و دَع العالم يرى جمالك الداخلي، لن يستطيع أحد أن يقِف حائرًا أمام ابتسامتك، فالأحاسيسُ النبيلة تتجاوز الكلمات و الأفعال؛ لذا دَع الحب يَسكن في داخلَك و يتدفق بحريةٍ ، تذكر أنَّ الحب يبدأ من الداخلِ و ينتشر للعالم الخارجي فإذا كنتَ تريدُ السعادة و السلام فافتح أبوابَ قلبك ، و دَع الحب يسكن في كل زاوية و يبث الإيجابية وستجد الحياة تتغير و تصبح أكثر جمالاً وإشراقًا.

مروان كسبان أبو الفتوح

"دائماً هناك مكان في القمة "

إذا كنت تؤمن بنفسكَ و بقدراتك ، فلا يوجدُ حدودٌ لما يمكنك تحقيقه في كل واحد منّا ينبض قوة و إمكانات لا تُعد ولا تُحصى ، و على الرغم من التحديات التي قد تُصادفنا في حياتنا ، فإننا نحملُ القدرة على الوصول إلى القمةِ على الرغم من أن الطريق قد يكونَ شاقًا و مليئًا بالعقبات ، إلا أنهُ لا يجب أن نفقدُ الأمل ، استمر في المضي قدمًا بقوةٍ و تصميم ، و تعلم من كل تحدي تواجهه ، تذكر دائمًا أن القمة لا تختصر على النجاح المالي فقط ، بل يمكن أن تكون تحقيق أحلامك و تحقيق رضاكَ الشخصي ، و تكوين علاقات قوية و صحية ، و المساهمة في تحسين العالم من حولك ، في هذه الرحلة نحو القمة ، تعاون مع الآخرين و تعلم منهم ، ابحث عن المُلهمين و الأشخاص الناجحين الذين يشاركونك نفس الرؤية ، و اعمل معهم ؛ لتحقيق أهدافك ، و لكن لا تنسى أن القمة لا تكون مكانًا ثابتًا بل هي رحلةٍ مستمرةٍ بمجرد وصولك إلى هدف معين ، ستجد تحديات أخرى و أهداف جديدة تنتظرك ؛ لذا استمر في التحسن و التطوير و لا ترضى بالوقوفِ عند نقطة واحدة ، في النهاية أنت الشخص الوحيد القادر على تحقيق أهدافكَ و الوصول إلى القمة أملأ قلبك بالشجاعة و الإصرار ، و لا تيأس في وجه الصعاب لا تنسى أن دائمًا هناكَ مكان في القمة لمن يؤمن بأحلامه و يعمل بجد لتحقيقها.

مروان كسبان أبو الفتوح

"غداً يوم جديد"

غداً يوم جديد ، و معهُ يحمل أملاً جديدًا فلنستعد لمواجهة التحديات و المضي قدمًا في مسيرتنا فقد غدًا الأمس ماضٍ و ذهب ، و اليوم هو فرصة للتجديد لنجعل غدُنا يومًا مليئًا بالإنجازات و التقدم ، فلننظر إلى الأمام بثقةٍ و تفاؤل و نركز على الأهدافِ التي نسعى لتحقيقها ربما تكون هناكَ عقبات و صعوبات في الطريق ، ولكن لا بأس فكل تحدي يقوينا و يجعلنا أقوى ، استعد لغدٍ مشرق و امضِ إلى الأمام بثباتٍ ، لنمضي بعزيمة قويةٍ و رؤية واضحة فالهدفُ الذي نسعى لتحقيقه يستحق الجهد و سنعمل بلا كللٍ حتى نراه يتحقق ، و عندما تشرق شمس الغد ، فلتنساب السعادة في قلبك ؛ لأنكَ على استعداد لاستقبال مغامراتٍ جديدة

سوفَ تواجه تحدياتً وستتعلم منها دروسًا قيّمة تجعلك أقوى وأكثر تميزًا في رحلتكَ الحياتية، فلا تخف من الغد وما يحمله في طياته، بل كن جريئًا واستعد لمواجهة الغير متوقع؛ لنحقق النجاح و نرسم البسمة على وجوهنا

فغدًا يوم جديد، وبإرادتنا سنجعله مميزاً.

مروان كسبان أبو الفتوح

إن كُنت فقط بجانبي

في وسَط عَالم مليئ بِالمتشابهين بالفِكْر والطِباع، جئت أنتَ لكَي تنير عتَمَتي بأختِلافك المتميز، بظهورك الذي يخطف القُلوب وسرقت قلبي.

- هل هذا جمال عَينيك الطبيعي؟

- أم هل هذه طلة مظهرك الباهي؟

لحظه هل أنت من البشر أم أنني لا أرى جيدًا، أم أنني كنت بصحراء قبل ظهورك أمامي؟

أهل يعقل؟!

- لقد رويتُ أزهار عيناي برؤياك

- لقد عمرت صحراء قلبي بمبانيك

ها أنا أشعر أنني لم أصبح وحيدة

لا تغيب عني يا شَمسي مُتيمة بِحبِك، هجرني الجميع فتأثرتُ بِحبك وأصبحت أنتَ جميعهم بِالنسبه لي، تمنيتُ أن أقع بِحب أحدهم ولكن كان عليّ الوقوع بِهلاك حبَك ما بين فوضى العالم، والشروق، والمغَيب، وعتمة قلبي كنت لي قمري الذي ينير ظُلمتي، أريدك بجانبي لكي يظل الوضع بخير أن كنت بِجانبي يا عزيزي.

سلوىٰ حسن

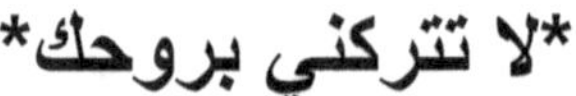

لا تتركني بروحك

لقد وقفتُ لِدقائق معدودة

دقائق حِداد أقامها الناس لِلقراءة على روحك الجميلة، لكِنهم يجهلون أنك قد مُت والذاهب هو جسدك فقط!

قد مَرت شهور وأسابيع عندما فارق جسدك الحياة، ولكني لازلتُ أشعر بك، في كُل مكان جَمعني بك، وكل رسالة نصية أبعثُها من هاتفك لِنفسي، أنت لازلت حي تخاريف وهلوسات؟

لا بل هي حقائق، أنت لازلت حي ولكن بروحك، روحك تسكُن المكان، تسكُن قلبي وعقلي، أنا أيقن وجودك حاليًا بِجواري، بل يُمكِنني سماع أنفاس روحك الرقيقة نعم أنت هنا، يمكِنني سماعك تقول إنك لازِلت تُحبُني، لا تقلق وأنا كذلك لن يُغير ذهاب جسدك شيئًا من مشاعري؛ لأن طالما كانت روحك هي المُحببة إليَّ عزيزي لا تتركني بِروحك.

سلوىٰ حسن

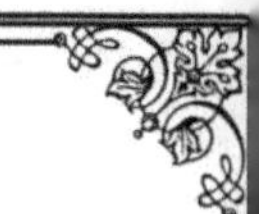

يا ليتك ما ذهبت

عواصِف العاطِفه تَهب، أشتَم عِطرك الذي طالما أحببتهُ، أرى صورتك في ذِهني، الصورة التي طالما رأيتُها فيك وهي عكس ما تراهُ أنتَ في نفسك، أرى لُطف ورقة قلب، أرى جبلٌ شامِخٌ مِن المشاعر والأحاديث والجمال الروحي، لا يتجسد الجمال في الجسد بل يتجسد الجمال في روحِك أيها الروح اللطيفة هل تتذكر تِلك الليلة العاصِفة الذي سقطت فيها؟ أم هل تتذكر يوم سقط القمر ليرفع روحك بدلاً عنهُ مِن فَرط الجمال؟

روح اللطافة ابتهجي فالكون يبتسم لابتهاجك، لا تنسى يوم إلتقينا وإرتكزت على كتفي، لا تنسى كُل ما حاولت بشاعة العالم مَحيهُ من لُطف وذكرايتنا اللطيفة.

سلوىٰ حسـن

تزاحُم الأفكار

غارقُ بِبحور أفكاري، لا أحد يستطيع انتشالي من تلكَ الأفكار، هناكَ ضَجيجٌ بِداخلي، صمتٌ مُريب يُسيطر علىَّ، تلكَ التصدعات تُرهقني وتستنزف طاقتي، فقد أصبحُت كالغريق الذي لا يستطيع النجاة، لا أحد يستمع لي ولن يفهمني أبدًا، فمَن أنا وما هي حياتي؟ هلكتُ مِن كثرة التفكير، ذاك الشخص يُداهمني إمَّا لِمُحاربة ذاتي أو الاستسلام للموت، وماذا بعد؟! أ سأظل مُقيد بِتلكَ الأفكار أم سيأتي مَن يستطِيع إخراجي مِن تلك المتاهات؟ أضعتُ حياتي وأهملتُ عُمري بِأشخاصٍ لا يستحق، فوالله إن يَعود بي الزمن للخلف؛ لَأبتعدت عن تلك الأناس وكرستُ حياتي لذاتي؛ بل هاجرتهم جميعًا، لكن كُل الذي علىَّ فِعله الآن هو كيفية الخروج مِن ذاك المأزق.

سلوىٰ حسن

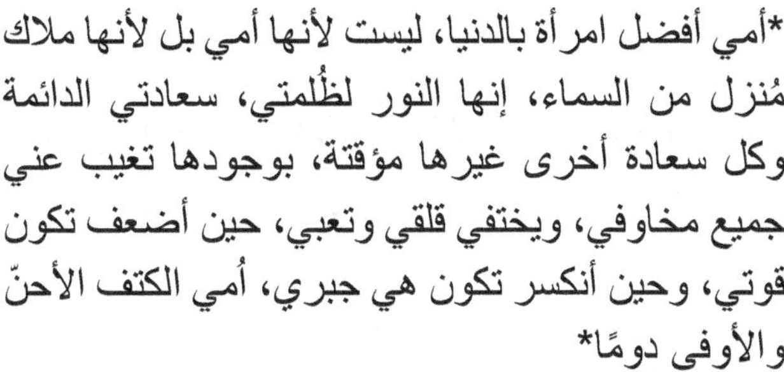

أمي أفضل امرأة بالدنيا، ليست لأنها أمي بل لأنها ملاك مُنزل من السماء، إنها النور لظُلمتي، سعادتي الدائمة وكل سعادة أخرى غيرها مؤقتة، بوجودها تغيب عني جميع مخاوفي، ويختفي قلقي وتعبي، حين أضعف تكون قوتي، وحين أنكسر تكون هي جبري، أمي الكتف الأحنّ والأوفى دومًا

**فاللهم ابعد عن أمي ثقل الحياة ومُرها، اللهم احفظ قلبها وصحتها وعافيتها."*

شيماء سلامة

"الذوق، والأدب، واللباقة في التعامُل؛ سِمَات تُعَبِّر عن شخصيّة الإنسان الراقية، وتُخبِر عن جمال جَوْهره، و أرى أن من صميم احترام الإنسان لذاته أن يُقَدِّم لغيره التقدير والاحترام، وما لبس الإنسانُ ثيابًا أجمَل، وأنبَل، وأكمَل من الأخلاق الحميدة !"

شيماء سلامة

"الحب"

الحبُ هو أحد أنواع المشاعر القائمة بين الأشخاص وبين العبد لربه، الحب هو أن تُفضل لي أخر وقت متمسك بي الشخص الذي تحبه، وأن تحب الخير له وتتمنتاه له وكأنك تتمناه لنفسك، الحب هو أساس بعض المشاعر الأخرى كالصداقة، وهو أساس لبعض العلاقات مثل الزاوج والإخوة و القرابة، فأسمى أنواع الحب هو محبة العبد لربه دون طلب شيئًا، إذا علمَ العبد محبة ربه كفاه الله فلم يؤذيه شيئًا في هذه الدنيا، احذر ممن تحب واحتفظ بقلبك بعيدًا عمن أراد أذاه، فالحب نعمة منحها الله للأشخاص لتنفع حياتهم .

مريم محمود

الشوق

كم أنا أشتاقُ إليكَ يا نبض قلبي، كم طالت المسافات بيننا وأنا أفتقد رؤياك تواعدنا أن نبقى سويًا مدى الحياة، لا يمكنني أن أخبركَ ما بداخل قلبي اتجاهك، أشتاقُ إليك يا من أخذتَ قلبي بلا مقابل سوف يذهب حزني ويتحول آلام قلبي إلى فرحٍ، فلو علمت أنكَ تشتاق لي كما أنا أشتاقُ إليكَ ، عندما نشتاقُ نشعرُ أن الكون على ملئِه ما هو إلا فراغٌ قاتل، قد تكون بعيدًا عن نظري ولكن لست بعيدًا علي قلبي.

مريم محمود

لماذا الشيء الذي بيدي لم يكن لي، لماذا الشخص الذي أمنحه حبي يتركني وحدي وينزع يده من يدي، أيةَ دموعي لما تلكَ القسوة المُصوبة تجاهي، كنت أعيش بسيطًا حقًا لم أكن غنيًا بما يكفي لكنني كنتُ سعيدًا بحياتي جدًا، وراضي بها كثيرًا، ولم أشكو إلى أحدٍ فلم يقل أحد ماذا أصابكَ ، فكل هذا خارج إرادتي كنت أتمنى أن أحب وأختار شريكة حياتي، حقًا لقد أحببتُ بالفعل وقابلتُ في طريقي ملاكٌ فكانت هي أجمل ما في حياتي، وفي يومٍ أخذت منها عهد ووعدتني حينما قالت بلسانها وعد أنني لم أكن لغيرك مهما طال البعد، حقًا تيقنتُ فلابد أن أستيقظ لذاتي، وأخوض تلك التجربة فأتمنى أن أذهب إلى والدها وأتقرب لها كثيرًا، وبالفعل لقد سافرتُ وجربت أصعب أنواع العمل وتحملت الصعاب لأجلها ورضيتُ بمرارة التعب، فلما عدتُ من تلكَ الغربة المريرة كي أطلب يديها وكنتُ أتطاير من الفرحة لذهابي إلى أقرب الناس إليها لكن فجأة وإذ أنظر بعيني فهي تتماسك بيدِ شخص آخر، أخذت أنادي عليها بصوت جهوري شعرتُ حينها أنني على وشك الموت، فهي تسمع صوتي حقًا وتدَّعي عدم سماعه كإدعائها لعدم

رؤيتي أيضًا ، تقربت كثيرًا رغبة مني في أن أعرف من الذي يتماسك بكلتا يديها، قالت لي من أنت؟

فقولتُ لها يا خسارة نسيتي من أنا فأنا الحبيب الذي سهر من أجلكِ سنوات، أ نسيتي من أنا فيا خسارة على الأيام، فلقد ضاع كل شئ بيننا فجأة، لماذا أ لم يكون هذا حرام؟ فمشيت من أمامها بهرولةٍ والدموع تسيل على خدي كالنيران أخذتُ أحدثُ نفسي وأردد بقيت يا حب رَخيصًا فلقد ذقتُ منك الآلآم ..

أسعدتني وفي النهاية أبكتني كفى لم أمنح لأحد الأمان ثانية، أيا حب فبأي ثمن بايعتَ ما كان بيننا.

مريم محمود

رأيتُ الندالة نعم لقد رأيتُ الندالة بعيني، فعندما وقعت حقيقية كثرت سكاكيني، لكنني لم أشعر بالندم والحزن بلا فقد استيقظت حواسي و أصبحتُ فرحةً، يكفي أن تلك الشدة أفاقتني، وعلمتني من هو الجبان الذي كنت أظنه صاحب وأُعامله معاملة الرجال وأمنح له الأمان ليكون مصدر حمايتي، لكن أنظروا إلى النصيب، فلولا هو لبقيت غبيًا، لبقيت أسير معه في ذات الطريق، ظننته صاحب و لكن الغدر سكن دواخله، لكن الحمدلله أنك يارب ابتلتني بذاك، فقد كشفت نواياك يا صاحبي، ورأيت الندالة بعيني، حقًا فلقد أقفلت عليَّ أبوابي وتعايشت بمفردي في ضيقةٍ ما بين أربع جدرات محرومٌ من أمي وأبي وأيضًا إخوتي، فشخصٌ ما أفكر فيه دومًا ودموع عنياي تتساقط عليه، فهي أمي و حديثها لي حينما أخبرتني أنكَ لست بصديقي وأن الغدر تنصبه في طريقي، حينها تضايقتُ إثر حديثها، فقالت لي أخاف عليك يا بني أن تكون يومًا ما ضحيةٌ فأردفتُ بأنكَ صديقي و الوفاء عهد بيننا أما الحقيقة عكس ذاك تمامًا، غفرانكِ يا أمي و قدمي الدعاءَ إلى ربي كي يزيل كربي وأعود إليه ثانيةً و آخذكِ بين أحضاني يا نور عيني.

مريم محمود

دعنا نقابلُ شخصًا يُحبنا

دعنا نقابلُ شخصًا يُحبنا، شخصٌ يخشى حُزننا ويُحبنا، فالسعادةُ هي شخص يعطيكَ حبًا واهتمامًا بغير مقابلٍ، شخصٌ تَجدَه سندًا لكَ وقت ضَعفكَ، و يكونُ أول شخص تلجأ إليه عندمَا تضيقُ بكَ الدنيا، شخص يُريد أن يمنحكَ السعادة ويفعلُ أي شئ لإسعادِكَ، شخصٌ يكون سعيدًا بوجودكَ في حياتِه ، حتى إذا قَابلتَ شخصًا يُحبك رُغم أنكَ لم تبادله هذا الحب سوف يجبركَ أن تحبه، لأنه أكثر شخصًا ظلَّ بجانبكَ حينما وقفت الدنيا ضدكَ وعملَ أشياءَ كثيرةً دونَ أن تطلبَ منه ذلكَ، فالحبُّ كفيلٌ أن يزيلَ الكثير من الخلافات بين الشخصين.

مريم محمود

رحيل جدي

في يومّ من الأيامِ رَحل جدي، مَرت أيامَ الوفاة على وفاتِك، وكأني أمس فقدتك عندما تمنينا من الله شفائك واستيقظنا على فاجعة موتِك، وعن ضجة هذا اليوم معلقة في قلبي، أتذكرُ صدمة فراقكَ في داخلي، من يوم فراقكَ جدي وأنا أشعر أنَّ نقاء هذا العالم قلَّ ميزانُه ذهبتَ عن الدنيا ولكن سوف تبقى في قلبِ حفيدتِك حي لا تموت، ذهبَ جدي إلى آخرتِه في يومٍ ما ولم يعُد إلينا، لن أبكي اعتراضًا على أمر الله فكلُّ نفس ذائقة الموت ولكن أبكي فقدًا، واشتياقًا لجدي، اللهم ارحم جدي بقدرِ ما أحتاج، وأشتاق إليه.

مريم محمود

فراقُ الموت

كنتُ ومازلتُ أقربُ أحد لي، غبتَ عن عيني يا نور عيني لكن مكانَك مازال في قلبي، عمركَ ما غبتَ عني ولا يوم ستغيب عني ، سنة كاملة لا تعرف عني شيئًا، سنة كاملة وأنت بعيدٌ عني، سنة كاملة ولم أجلسُ معكَ، سنة كاملة أشربُ قهوتنا وحدي، سنة كاملة يا نور العين وقلبي يتكسر عليكَ، سنة كاملة بعدكَ عني كسره، سنة كاملة وأنا لم أعرف أتأقلم، ولن أستطيع التأقلم مع شخص غيرك، أعلم بأنكَ لم تأتِ ثانية، أعلم بأنك لم تكلمني، لكن أتمنى من الله أن تعودَ الأيام ولو لدقائق ولثواني، لكي أقول لك سامحني، لكي أقول لكَ أحبكَ يا رفيق روحي وأني لن أنساكَ، لا يوجد قسوة أكثر مِن أنك تسمع خبر وفاةَ مَن تحب فيكون الخبر كل الصاعق ينزل عليك، ولم تتمكن أن تعود كما كنت من قبل نهاية هذا العالم أن تفارقنا أشخاص عزيزة و لن تعود إلينا.

اللهم ارحم جميع الأموات.

مريم محمود

نعم أحببتُكَ

عشقتكَ وبكيتُ، فكثيرًا تمنيتُ أكون معكَ في ليلةِ زفاف كبرى برفقةِ الأهل، والناس، والأصدقاء، والعائلة؛ فإذا كنتَ تحب فالقلبُ مكانكَ مهما تغيبُ سوفَ تجده منتظرًا، وإذا كنتَ مفارقًا فالرحيلُ عنوانكَ، أطرقُ بابكَ كل ليلة ولم أجد غير أن الوضع صامت، فأي ذنب قلبُ يبيتُ كل ليلةٍ حزين، وعيون تدمعُ بالساعات من واحدٍ ناقص عقل ودين، فلا تَقلقُ سأخسرُكَ؛ فأنتَ اخترتَ البعد وتركتَ قلبًا تعلقَ بكَ، الحب الأول جميل للغاية لكن مع الذي يستحقُ حب قلبكَ له، ليس مع شخص أنت لا تُعني له شيئ، الكسرة والبكاء طوال اليوم عندما أحتجتُ لكَ لم ألقاكَ، حزنِي لم يُكن فارقٌ معكَ لكنَّ حزنكَ لم يهن، تعلقتي وأحببتي وفي النهاية اتخذلتي .

مريم محمود.

الأصدقاء

شكرًا للأصدقاء الذين يلمسون نبرة الوجع في أصواتنا، شكرًا للأصدقاء التي تكادُ أن تهون على قلبي، فالصديقُ الحقيقي هو من يبقى بجانبِ صديقه في جميع الأوقات ولا يتخلى عنه، الصديقُ الحقيقي عندما تكون حزينًا يبحثُ عن أمور تسعدكَ وتبعثُ البهجة على وجهك؛ فأنت يا صديقي لم تكُن اختيار ولكن هذه نعمة من فضلِ الله علىَّ، فالصداقةُ ليست كلمات تُقال و تُكتب بل إنها معنى نشعر بها.

مريم محمود

ليست صدفة..

ليست صدفةً ويفهمكَ تستطيعُ النوم فتقرر أن تسهرَ وحدكَ ، فما هو الجديد فأنتَ دائمًا تسهرُ وحدكَ ، لم تكن صدفةً أن الدنيا تعيدكَ إلى أكثر فترةٍ لم تكُن تُحبها بتةً ، لم تَكن صدفةً حينمَا حدثَ بينكَ و بينهم سوء تفاهم فتعرفهم على حقيقتهم ، لم تكُن صدفةً حينما تذهبُ إلى مكانٍ تذهَبه أنتَ و شَخصكَ المفضل ، و تتذَكر كل الحديث بينكم ، لم تكُن صدفةً أن يظهرُ في حياتِك أحدٌ تتعلق به و يبقى لكَ الرفيق و يفهمكَ دون أن تتحدثَ ، لم تكن صدفة أنكَ تنزل بعد ميعادكَ بنصفِ ساعةٍ و تشعرُ بالحزن فيساندكَ الله و يَكُن بجانبكَ في الطريق ، فالسترُ ليسَ بصدفةٍ ، الصحة ليست بصدفةٍ ، و كذلكَ الحب ليس بصدفةٍ ، لم يحدث شيء صدفة سواء كان جميلاً أو قبيحًا ، فكلُ شيئ يحدث له سبب لم يحدث شيئ صدفة بل إرادة الله في كل شيئ.

مريم محمود

المودة

كثيرٌ مِن الأوقاتِ نحتاجُ إلى مَن يهتمُ بكلِ شيء في حياتِنا، وأحيانًا نحتاجُ إلى من يدوم الوِصال بيننا وبينه لذلكَ نعتني بمودتِه و كأنه جزء لا يفترق عن حياتِك لذلك أقول من اقتربت مودته اقتربت حياته من قلوبنا ، وعرفنا قدر إخلاصه وقربه من حياتنا .

الكاتب محمد شعبان عبد الحي

★★★★★★

الفرحة

قد يسبقُنا الفرح إلى أبعد لحظة ممكنة في حياتِنا حتي يتغلب الفرح على دموعِ عينيكَ فلا تستطيع امساكها مِن كثرةِ ما أنتَ سعيد به، فالفرح هو النغمةُ، و الروح التي تسيرُ في حياتِنا، وهو الشيء الذي يُكمل السعادةَ في حياتِك لذلكَ لا تعتمد في حياتِك إلا الفرح ولا تَجعل ثمرةَ حياتك إلا فرح .

الكاتب محمد شعبان عبد الحي

الصحبة

الصحبة هي الكلمةُ الصادقة التي تنبع مِن داخلِ قلوبٍ لا تَعرفُ غير الحبَ ، و الإخلاص و هى الكلمة التي إذا استحسنتها استحسنت خير الدنيا كلها ، و إذا لم تستحسنها في حياتِك جعلتَ حياتك أشبه بالغرفةِ المظلمة التي لا يستطيع الشخص التحرك بداخِلها لذلك اختر مَن تصاحِبه بعنايةٍ حتى تفوزُ بمَن يَحملك عندما تقع .

الكاتب محمد شعبان عبد الحي

الأخلاق

تُعدُّ الأخلاقُ بمثابةِ كنزٍ لا يحمله إلا مَن عرفَ قيمةَ القلوب و توابعها لذلكَ القلب و التربية هى ما تحمل الإنسان إلى الإحترام المُتبادل، والأخلاق السائدة التي تحمل شخص طموح تحمله التوابع إلى أن يكون ساكن في قلوبِ الناس و في عقولهم .

الكاتب محمد شعبان عبد الحي

الهدف

ليسَ مِن الصعبِ أن تُحدِد الأهداف و لكن من الصعبِ أن تصل إلى الأهداف لأنها لا تَحمل إلا عزيمةً و إرادةً بداخلكَ ، تحملكَ علي تحقيق هذا الهدف و الوصول به إلى غاية مُمكنة تحدد من خلالِها أولويات الأهداف وأفضالها .

الكاتب محمد شعبان عبد الحي

الحزن

أصعبُ أنواع المصاعِب هي أن تَحزن في حياتك ، أو أن يَحملكَ الحزن في حياتك إلى ما لا تتوقعه لأن الحزن شيء يجعلُ الإنسان لا يشعر بأوقاتِ الفرح في حياتِه بل يحملك على أن تعيش وحيدًا في عالمٍ تطبعت حياتَه على الاجتماعية في الفرح و في كل شيء جميل ، لذلكَ لا تَحسب أنَّ الحزن شيء يحملُ حياتك علي شيء جميل بل هو الذي سيجعلُ حياتك تفني وقت بعد آخر.

الكاتب محمد شعبان عبد الحي

الفراغ

الفراغُ لا يجعلكَ تُحقق شيئًا في حياتِك بل يُضيع من حياتِك أشياءً إذا استغللتُها ستجعلكَ تتقدم إلى الأمام دائمًا، لا تحسب فراغات حياتك يملأها الركون و الانتظار بل على النقيض، أن الفراغات إذا اشغلتها فيما يُفيدك ستجتمع حولكَ الأهدافُ المفقودة وتجعل حياتك تصل إلى ما ابتعدته عينك .

الكاتب محمد شعبان عبدالحي

التفاؤل

التفاؤل يُعد أحد أهم الأمنيات التي تُحقق شيء جميل بداخلِك و تجعلكَ تعيش سعيدًا وَسطَ المجتمع ، بل تجعلُ كل شيء صعب في حياتِك له ركيزة أساسية في استسهاله بل هو الذي يحمِلك أن تكونَ داعمًا أساسيًا لكلِ مَن حولَك .

الكاتب محمد شعبان عبد الحي

كن مطمئن

يَجب عليكَ أن تعلم أنَّ الطُمأنينة في حياتك هي التي تُحملك علي قرارات جميلة، وواضحة في معالمها ولا تحسب أنَّ الطمأنينة شيء قبيح بل هي الشيء الذي يَجعلك تتعامل بأريحية في أمور حياتك و بتلقائية واسعة.

الكاتب محمد شعبان عبد الحي

الأب

يُعدُّ الثمرةُ المشرقة في حياةِ الشخصِ هو الأب الذي يحمل حنينَ الدنيا كلها، وصفائها، ويُعدَّ الأب هو النموذج التربوي الجميل الذي يحملُ كل معاني الحنان، والحب، والتفاؤل، والسرور في حياةِ كل شخصٍ منَّا؛ لذلكَ لا تُحاول يوم أن تغضِبه ، أو أن تفعل شيئًا يُغضِبه، و حاول الوصول إلى الغاية التي تُسعده و تجعله أفضل رجلاً في الدنيا.

الكاتب محمد شعبان عبدالحي

الأم

مهما بلغَ في حياتِك حنان الدنيا كلها فلا يأتي كل هذا الحنان بجوارِ حنان أمكَ شيء، لأنها هي التي حَملَت حياتَك على الخوف من أن يصيبك شيئًا، وهي التي جَعلت حياتكَ كل شيء، فالأم قصةٌ ورواية تستمتع بِقرائتِها، والأم تستمتع بنظراتِ أبنائها الجميلة إليها، فالأمُ هي الكيان الذي يملأ حياتَك، ويجعلها جنةً.

الكاتب محمد شعبان عبد الحي

الأخ

يُعدُّ كل شيء في حياتِك ناقص إنْ لم يكن في حياتك من يتحمَّل عنكَ أعباءك؛ لذلك فالأخ هو الكيان، والسند، والود، والدواء الذي يداويك عندَ كل جرحٍ في حياتك، وهو الذي يقف خلفكَ ليحمي حياتك مِن كل مَن يريدون سقوطك، فالأخ أهم ما في حياتك، وهو الذي يجعل حياتَك تمضي إلى التقدم دائمًا.

الكاتب محمد شعبان عبد الحي

التنظيم

لا شكَّ أن النظام الذي تَسرده حياتك هو الشيء الذي يُحدد مفاهيمَ داخل شخصيتك، فالشخصُ المنظم يُحدد أوجه النجاح في حياتِه، و يحدد كل معالم الانضباط التي تجعل منه شخصًا متفاهمًا يعيش حياتَه وسط ترتيب، ووسط فكرٍ يندمج مع حياته حتي يَخرج من خلالها شخصًا ناجحًا لا توقفه العواقب.

الكاتب محمد شعبان عبدالحي

النجاح

ليس من الصعبِ أن تكون فاشل، وليس من السهلِ أن تكون ناجحًا لأن كلاهما يحتاجُ منكَ إلى قوةٍ فعالة قادرة على المواجهة، لكن مواجهة الفشل بالنجاحِ هو أبرز الصور التي تجعل من حياتك ركيزة أساسية لحياةٍ ناجحة لا فشل فيها ، فالبحثُ عن النجاحِ حتمًا يَعقُبه فرحةً جميلةً تنتظركَ.

الكاتب محمد شعبان عبدالحي

الفشل

لا تحتسب خطواتِ الفشل في حياتِك ولا تجعله وسيلة لإحباطك، ولا تسمح لأحد بأن يكون داعم لكل للوقوع في الفشل فلم يكن الفشل زريعة يوم لإحباطك، ولكنه وسيلة للقيام نحو مستقبلٍ أفضل تجتمع معه كل أوجه النجاح وتتجمع كل السبل للخروج من واقعه المؤلم.

الكاتب محمد شعبان عبد الحي

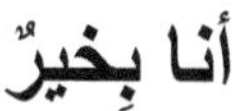

أنا بِخيرٌ

تلكَ الدموع الباقية على وجنتاي لا تهمُ أحدًا سواي ، تلكَ العزلة التي بثُ أعشقُها لستُ لأني مُكتئبة ، و لكن لأنَّ هاتفي يسليني ، تلكَ الحدائق السوداء حولَ عيناي لا ليَست من فرطِ الحزن و الألم إنها فقط من الهاتف ، هذه نظرة عائلتي لوضعي ، بُت أعتاده اعتدت قسوة أمي و لا مبالة أبي ، اعتدتُ أنَّ الوحدة لأنها كانت رفيقتي المخلصة الكل يُظنني أتدلل ، أتضرعُ في سجودٍ لربي و أشكو حالي فمن لا يشكوه و يستجيب له و يجبر خاطره، يا أمي تلكَ الغابات الكثيفة السوداء تَرعرعَت أشجارها السوداء على شلالات دُموعي أقسملك أنني لا أبالغ و لكني في نظركِ أتدلل ، الخذلان يكون مؤلمًا عندما يأتيكَ ممن يفترض أن يحنو إليكَ ، الاكتئاب باتَ مرض العصر بسبب عدم مُساندتكم لنا و ابتعادنا عن الرحمن و نسينا أن الله قالَ أن ادعوني أستجب لكم ، كن تقيًا يا صديقي و لا تَكُن يومًا شقيًا .

دنيا الأسود

شكوة أنثى

كَم مضى عَلى عِلاقتنا ولَم تَفهمني بعد، أنتَ الذي جَرحني بِنصلٍ مَسموم ولم يُبالي بِمدى تَألمي، الجميعُ يَنظرون لي نظرةَ استعلاء؛ لأنني قد هَجرني المحبوب وتركَ في القلبِ ندوبٍ لا تُشفى ولا تذوب، رحماكَ يارب القلوب ارهقتني نظرةَ الهجوم والوجه غلفهُ الوجوم، لا مهرب لي ولا يشعرون أني كأنثى أضعف مِن أن أكون وحدي أحارب الظروف، والقلبُ أضناهُ الشجون، فلا عشقًا ولا يحزنون.

دنيا الاسود

☆☆☆☆☆☆

أيها الرفيق الذي هجر أماكن وجودي لا داعي أن تلوميني، فالجميعُ قد حكم عليَّ بالموتِ ولكن بألفِ طريقةٍ وطريقةٍ، لا داعي بأن أشكو إليك فالله عليم بذات الصدور ماذا؟ أتعلمين ماذا تفعلين يا ذات الدين، عن حجابكِ تتحدثين أين الحجاب اعذريني لا أرى غير قماشة على نصف الرأس قد ثبتت، من حكمَ عليكِ أنتِ الملامة وليس غيرك، من يعبئ بوجودكِ حتى الجميع يُحاربك أم أن شيطانكِ قد هزمك، أتظنين أني سأقبلُ أن أكملُ في علاقةٍ مع من فرطت بدين الحق لا وألف لا يا ختاه احتشمي، وكوني صحابية كي تقابلين من يستحقكِ، فأنتِ كالماس يسعى الجميع إليه ولكن من يستحقه يظفرُ به.

دنيا الأسود

انعكاس

نظرتُ في المرآة فوجدتُ شخصًا آخر يكبرني بأعوامٍ، والحزن قد خيمَ على ثغرة وحيا، نازعتُ حتى لا تعلو شهقاتي وعدتُ واطمئنتُ فلا داعي للكتمان، فلا أحدٌ يبالي أطلقتُ حرية دمعةٍ قد حُبسخير مامع العين حين رأيت أحلامي تتلاشى هاجرًا لكياني الأحمق ناديتها وهتفت لكنها ابتعدت وراقبت أمالي أمامي تتحطم فصرخثُ صرخةَ ألم لجميع أوجاعي لقد أرهقني الصمت، لابد أن أشكو العند، المكابرة، الخوف من الآتي، كتمان أحاسيسي، وتزيفي للحقيقة أنني بخير جعلوني باختصار عبارة عن حطامٍ أدمنت العزلة، الوحدة، واليأس فلا جدوة بأن أؤمن بأن الآتي خير ما دمتَ راضي أن أعيش باقي حياتي في كآبتي الجميلة، لا نحزن يا فتى أنتَ لم تُخطئ ، فالكل قد أخطأ و نيابة عنهم أنت الذي ألقيت عليهم التهم .

دنيا الأسود.

☆☆☆☆☆

كيفَ تقاوِم حبي، وتعاند يا قاسي القلب أحبكَ ولم أستطع الكتمان أكثرُ من ذلكَ ولكن لن أصفحُ عن هذا الحب حتى أتيقنُ من صدقِ مشاعركَ، أحبُ صوتكَ والواو ميم، وأحبُ عيونكَ والياء باء، أحبكَ في كل حالاتكَ ولكن لن أعترف لكَ.

دنيا الأسود

ماذا بعد

قال أحد الرجال ما بكم يا معشر النساء، تتزين للأجانب وتتحدثن بسوء عن إخواتكن تغتابهن وبالباطل تقذفن بعضكن، باتت النميمةُ شيء مباح، وبات الحقيقة أمرٌ مروع، ارتدى الكذب ثوب الحقيقة وتركها عارية منبوذة ومن الجميع مكروهةً، اتخذتُم من التنمر مرحًا، وبت للزيف والخداع تدعمون الله يراكِ يا من بالأسحار تتوارى عن الأنظار وتخرب بيوت الناس، توقف شأن فتاة وتسعى في طلاق أحد المتزوجات، هل تظنين أن الله غافلاً يمهلكي بعض الوقت وسيأتي وقتكِ الحسم، يا من بالنقابِ تتواري و تفعلي الفحشاء ، حسبي الله في مَن دلكَ على طريق الفساد ، كفانا تنمر يا أخوات نحن لسنا كإبن يعقوب، فكيف تتنمرين وإنكِ لجمالِ يوسف لا تملكين ؟!

دنيا الأسود

✮✮✮✮✮✮

كانت تنظرُ في انعكاسِها وتضحكُ، ولكن لم تكن ضَحكتها إلا وهمًا كبيرًا اختبئ خلفه الحزن خوفًا من اللومِ والشماتةِ، رأت تلكَ الفتاة ذاتَ الثمانية أعوامٍ تلوّح من بعيدٍ، وتستنجدُ بها أن تجدُ حلاً وتُخرجها من تلكَ الشرنقة المميتة.

دنيا الأسود

قل للمليحة التي عن دين الحق غافلة أنتِ المُلامة وحدكِ، من قال للدين اترك، قل للمليحة التي بالجمالِ تتفاخر من ذا الذي يقدرُ بأن يخسف بكِ، والجمال أرضًا كانت أجملكُنَّ زهرة أغوت ملكين أقوياء لعنة باتت نادمةً ماذا يُفيد الندم دون إيمانًا صدقًا؛ فالندمُ دون إيمانًا كالحجِ بدون عرفات مُبحر في بحورٍ علمٍ لن يفيدني بشئ أترك ديانة الهداية وأعصي ربي، وأفتخر، أجاهر بمعصيتي، وأدعو الحمقاءُ لفعلها مَن أنت يا هذا كي تعصي من خلقكَ قادر هو بأن يأذيك ويعيدلكِ رُشدك و لكن يهدي هو من يشاء، قل للمليحة التي للدنيا أسيرة لا تعي ماذا تقدم من ذنوب، ولا تدرى كم عَظمَ العقاب الله يهدي مَن يشاءُ ولكن عليكَ الوفاء، فالدينُ دون اقتداء بنبي الأمة غيرُ دينٍ كانت أجملكنَّ زهرة أغوت ملكين أقوياء لُعنَت في الأرض، والسماء، واليومُ باتَت نادمةً ماذا يفيدُ الندم إن كان ينقصُه الإيمان؛ فالندمُ دون إيمانًا كالحج دون عرفات.

دنيا الأسود

★★★★★★

تيقَّن أن من حاولوا إفاشلكَ هم من أعطيتهُم أكثر مما يستحقوا، فانتقي من تُصادق وحب مَن يُدعمك لا من يُحطم معنوياتك بحجةٍ خوفه عليكَ لا تكُن مُغفل يا صديقي المُبجل، اغتصبوا حقكَ وهمُ لا يستحقه دَعهم للمولى يتدبر أمرهم ولكن لا تحقد إن كانَ لهم الحق كنت أنت المغتصب.

دنيا الأسود

صرخة حرة

تقولُ أحد النساء أني كنتُ في بيتِ والدي مدللةٌ، كانَ لدي أخ حنون يخشى عليا من النسمة الرقيقة، كان لدي أم لا أجد في العالم شخصًا مثلها، كان لديَّ أب كان بالنسبةِ لي السند، والحماية، والقدوة الحسنة، كان عالمي جميل إلى أن أتيتَ أنتَ كنت فارس ظُلمتي، أحببتك بصدقٍ وأتيتَ لمنزلي قد قمتَ بخطبتي ووافق والدي حين سمعت أمي أنني سأتركها بَكت كثيرًا وقالت هذه سنة الحياة يا ابنتي ولكن فراقكِ على قلبي أصعب ما يكون ليس ذنبي أنني أحببتك، ولا ذنبي أنك لم توفي بكل وعودك لي ألم تخبرني أنني سأكون ابنتك سيدتك وإنكَ لن تَملَّ يومًا من جنونِي، اليوم أينَ تلكَ الكلمات التي خَدعَت قلبي البرئ، لمَ كذبت عليَّ لمَ أخبرتني أنك ستكون موطني اليوم أنزفُ وأعانِي من كل تلكَ الأكاذيب الغير مقصود، اليوم انا نُعتُ بلقبِ المطلقة والذي هو أسوء لقب في نظرِ مجتمعٍ مريض لا يرحم، احتسبتُ كل إهانةٍ وتجريح في كرامتي وسأقتص حقي من كل مريضًا قد خاضَ في عِرضي، فكل الكبائر في جهةٍ و قَذفُ المحصنةِ في جهةٍ خرى أ تعلم بماذا أجرمتُ، أجرمتُ حينما تركتُ بيتي بكل ما به من ودٍ وحنان وجأتُ لقلعة لموتِ بقدماي المقصود يا من تقرأ هذا إما أن تكن لها أبًا، وأخًا، وزوجًا، وصديقًا أما دَعها وشأنها تداين تدان يا هذا، وأنت يا من تَخض في عرض المحصنات إياكَ أن تُفكر أن ما أنت فاعلة لن يرد إليك رب العرش العظيم يمهل و لا يهمل .

دنيا الأسود

ما بكَ أيها القلبُ لِمَ تدق بهذا العنف لأجل ذاكَ الغريب، لِما يتدفقُ الأدرينالين إلى شراييني، لِمَ هذا الكم مِن الإنسجامِ الألفي بيننا، أتعجب من هذا الحال هل أتاكَ العشق؟ انتظر عليكَ أن تتمهل فلقد مررتُ بصدمةٍ لا تَدعها تتكرر، ولكِن هو لطيفٌ ومُحب للتجديد، فلنقُل أننا سهم إله الحب قد انغمس في قلبي، مَاذا يكونُ الحل! عليكَ يا هذا أن تُعاملني ابنة، وصديقة، وحبيبة، وأم إن أردتَ لن أقبل أن أكون البديلة، أنا وإلا فلا يا من ملكتَ القلب بكلِ هذه البساطة رفقًا بقلبي فأنتَ خيرُ ونيس.

دنيا الأسود

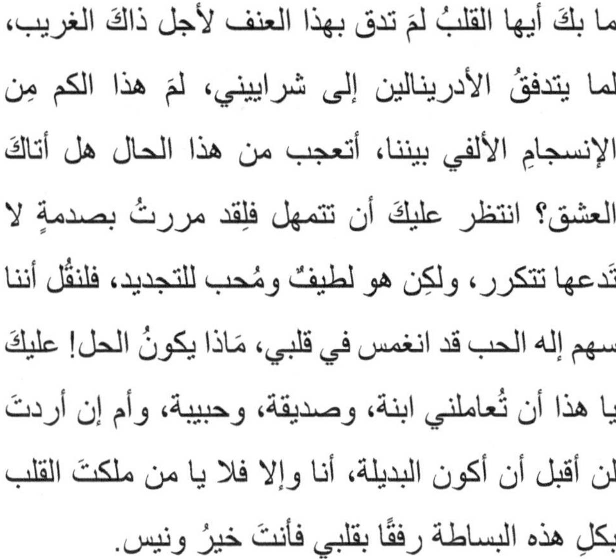

لا تُعاتِب مَن اتخذ للهجرِ طريقًا، امضي قدمًا للأمام وسَتجد ذاكَ الشخص يُحاول أن يعوقُ طريقكَ بحجةٍ أن قَلبه الرقيق لم يقوي على الابتعاد، فلا تكُن مَخذول وأحمق كفاكَ خُذِلت منه مرةً، أ تُحِبُ أن تُباع كَرامتك لأجل شخصًا مُعدَم الشعور أم تُحِبُ أن تصون ما تبقى لقلبكَ من هشيمٍ.

دنيا الأسود

تبًا لقلبٍ عن ذكرِ المولى غافلاً يأتي بالمعصيةِ و يُبرر ذَلك قائلاً النفس بالسوءِ أمارة ، من أنا لأعُاند رَحماكَ يارب القلوب قلبي من كثرةِ ذنوبِه مهموم ، يأتي بِذنبًا فاعلاً و بعد دقائق يندمُ ، رحماكَ يارب القلوب أخشى أن يتوقف خافقي فجأةً دونَ أن أكون للأخرة حاسبًا ، أنتَ المنعم الذي أنعم علينا بنعمةِ العقل لندركَ عظمتكَ و جمالك ، و لكن نعرض عن هذا و لكتاب الهداية نترك ، و بَلهو الحديث نتماسك ، يا ألله باتت مَعيشتي ضنكًا من يوم ما هجرتُ الصلاة على الحبيب اغفرلي لي يا ألله ، بعد مدة ما وقفتُ مشدوهًا من المنظر أصرخ و لا أحد قد لبى ، يا ألله ما هذا لِما أرى أمي و أبي يبكيان مَن هذا الراقد كالأمواتِ و الكل ينوح من حوله ، ماذا أهذا أنا أمتُ دون أن أتوب لله توبة نصوحة أقبَضت روحي و أنا عاصي ندمتُ و الندم لا يفيد ها قد فات الأوان ، يا ألله ماذا بعد أرجعني الدنيا دقيقة أستغفركَ كي تعفو عني و تدخلني جنانك الواسعة إلى أين بجسماني يلقون لِمَ الظلام الدامس ، و إذا به وجد مَن يُحدثه استيقظ و وجدَ أنه مازالَ على قيد الحياة فرح و هرول بسعادةٍ و توضأ بهمةٍ غير مسبوقة و من ثم صلى إلى الله الرحيم الذي أعطاه عمًّا يحدث للعاصي و للمستكبر عن طاعتهم دعا ربه بِخشوع "يارب العزة و الجلال يا من مَننت علىَّ بالإسلام دينًا و هديتني للصراطِ المستقيم ، ثبتني على الهداية بالدنيا باتت فخًا ولا ينجو بقلبِه الأمن كان للدين حافظًا أشكركَ على كل النعم التي رزقتني إياها، وأحمدك على كل النقم التي تجعلني أعلم كم كُنت عن ذكرك غافلاً.

دنيا الأسود

رفيقٌ صادق

قالوا وقمتُ المحبوب قلتُ لا وربِّ العزة الذي أحياه قد كنتُ للمحبوب ونيسًا، قد كان شمسًا لا تغيب، قد كانَ ضياءً ووميض، قد كان خيرًا لي ولكن قلبي لا يهوى العذاب فاختار عنك الانعزال،أن الذي أوصل إليكَ أخباري قد كذِب؛ فأنا لم أهوى سواك ولم أتسلى بكَ، فأنتَ زهرة الأوركيد، حسنًا أعلم أنني قد كنتُ يومًا ما خسيس حين غادرت دون أن أوضح إليك أسبابي، حين غادرت كان لي أسبابًا أولهم عشقي لكَ قد بات يؤرقني، قد باتَ البعد يفرحني كنت أتألم حينما ألقي عليكَ وابلٌ من الكلام المعسول وترد بجفاء شكرًا يا عزيزي، أعلم أن الحياء واجب ولكن العشق قد فرض القواعد، أرهقتني مشاكلنا الغبية أسباب تجاهلك إلى أن أخطأت يومًا وقمتُ بوضع قلبًا أخضرًا، كنتُ للعراك يومًا تتخذين، ولكن أتعلمين قلبي اللعين لكل تلكَ الأشياء باتَ يشتاق ويلين لم أعلم أنك أدماني إلا حين عنك امتنعت، ما رأيك أن نسعى من جديد لنرجع ما قد كان يومًا بيننا يا زهرة الأوركيد.

دنيا الأسود

رسالة إلى القلب

ما بكَ يا قلبُ أ أضناكَ الفراق ألم تَكذب وتقولُ أمركَ على ما يرام، فعلى مَن تكذبُ وتقولُ أنكَ لم تكُن مسئولٌ هو مَن هجركَ، خانكَ، عذبكَ، وحطمكَ حتى الشجون، ألم يَكن ذاكَ الذي أضاء الدروب، وزال الهموم، ومُحي الوجوم فلمَا أنتَ اليوم تَرتاب لأمره وتشكو، ما بِك تهفو إليه وتكابر، أسِرع إليه وقل له القلب لكَ ومعكَ مهما تَمر السنون، أنت الحبيب الأول ومن بعدكَ باتَ القلب مسجون، ومَن ذا الذي يقوي على كسر القلوب.

دنيا الأسود

الحياة غير منصفة أحيانًا تبدو لنا الحياة مثل الشيكولاتة المُرهطة التي تظهرُ مرارتها عِندمَا نضَعها في فمنا للمرة الأولى، ولكن الطعم الذي يظلُ موجود هو الطعم المميز الذي نعشقه هذا هو وَصف مرحلة العشرينات بداية تحقيق الأحلام، بالشغفِ نحيا وبالأحلامِ نعيش ولكن الشغف، والأحلام ليست كافية إذا حاوَلنا تحقيق المستحيل فلابد أن نتحلى بالإيمان، ونثق بأنفسنا، ونتيقن أن لكل خطوه وقتها، العشرينات هي الخطوه الأولى والأهم في تلكَ الرحلة المسمى بالحياة، فهنا قد تعلم الطفل المشي بخطوات ثابتة دون مساعدات هنا الحب، والحياة، والخذلان هنا مسرح الحياة.

منار رمضان

بين الهزيمة، والبكاء، والشكوى، والانتصار، وتحقيق الأحلام معبر يسمى حرب، حرب تحوي طريقين ونحن المسؤولون عن تلكَ الحرب ذو الحدين لا يجب أن تطول الاستراحة وإلا لن تكون استراحة محارب ستكون بمثابة إعلان انسحاب ستعاني من ويلاته كامل مستقبلك؛ لذا يجب أن نحارب وبقوةٍ وأن نبدأ بمحاربة أنفسنا قبل الظروف والآخرين لتحقيق مستقبل وامض وبراق.

منار رمضان

عِندمَا تنغلقُ جميعَ الدروب، فلابد أنَّ الدرب الرئيسي قد أُفتتحَ رُويدًا رُويدًا، فلا تتعجَل النهاية فتفاصيلُ الرحلة حتمًا ممتعة.

منار رمضان

لطالمَا كانت الطُرق متشابكة وطالما تَرَاخت القوة وفُقد الشغف، وكانت الأحلام مثل استاد كرة القدم تربح مباراة وتخسر مباراة أو أكثر، ولكن كرة القدم لازالت في الملعبِ لكن الإيمان دائمًا هو ما يربح الإيمان، واليقين بالخالق هو ما يوضح الطريق.

منار رمضان

★★★★★★

أحيانًا نخطئ في ترجمةِ مَشاعرنا تجاه أشخاص تكون فقط عاصفة من التمردِ، والاحتياج وليس حب وعشق، فالحبُ يختلف كثيرًا عن تلكَ المشاعر ويحمل كثيرًا من القداسية فهي مشاعر تأبى النسيان ولكن في حال كانت حقيقية فالخلط بينهم هوالكارثة التي تدمر مشاعرنا الهوجاء.

منار رمضان

★★★★★★

الحيرة، والصراع في فترةِ العشرينات فقلوبنا وعقولنا في تلكَ الفترة هي بمثابة ورقة بيضاء من استطاع أن يحفز أحلامنا التي لا تنتهي ويُقنعنا أننا على يقين سوفَ نذهب معه، العشرينات حيثُ الشغف والطموح مثل الطفل الذي تَكمن بداخله طاقة لهدم العالم وأعاد بنائه.

منار رمضان

يا فتاة لا تري ما يغضب الله، ولا تشاهديه فإن عقابه يوم القيامة أن يغرز سيفين من النار في عينيك، ولا تسمعي ما لا علاقة لكِ به سوى غير نفسكِ، ولا تستمعي إلى الألفاظ الخارجة عن الدين، ولا تسبي أحد، ولا تفتني، ولا تقولي قول غير حسن، ولا توقعي بين الناس، ولا تتحدثين كلام قبيح وغير لبِق وخارج عن الدين فالله يرى ما تفعلين، وتقولين، وتسمعين، وترين، وما تفكرين به فهو العالم بكلِ شيء منذُ ولادتِكِ حتى موتِكِ.

علي سيد "كاتب الحياه"

☆☆☆☆☆☆

اجعلني ذكرى جميلة لديك

عندما تعيش بدوني، وعندما تنفصل عني لا تنساني لا تنسى أني كنتُ مَن يحبك، لا تنسى أني كنتُ من كان عالمه هو أنتَ، لا تنسى أني لم أختار غيركَ على ائتمانكَ على أسراري، لا تنسى أني كنتُ كل يومٍ لا يجب أن يمر يومي بدون أن أراكَ وأحدثك، فالتتكلم عني كذكرى جميلة لديكَ، ولا تنسى ما فعلناه سويًا فلتتذكرني بكلمةٍ جميلةٍ، فإنكَ كنتَ حبيبي وأن لدينا أيام، وأسابيع، وشهور، وسنين مع بعضنا البعض، أنا أحبك ومازلتُ أحبك وسأصبح أحبك.

گ/علي سيد "كاتب الحياه"

كيفَ أعيشُ بدونك

عِندَمَا ابتعدتُ قولت لنفسي فليذهب سوف يعودُ غيره، وعندما مرت ساعة بدونكَ شعرتُ بشعورٍ غريب، وعندما مر يوم بدونكَ جلستُ أفكر بكَ، وعندما جلستُ أكثر من يومٍ بدونكَ جلستُ أبكي، وعندمَا مرت شهور اعتدتُ أن أبكي كل يوم في ظلمةِ غرفتي وأنا أجلسُ على الأرض بجانبِ الحائط دائمًا أنادي باسمك لقد حاولتُ أن أنساكَ، ولو أيامنا التي مضيناها معًا لم تشتاق إليها فأنا لا أستطيع التكلم معك، لماذا قد سمعتيني ونفذتي لماذا لم تكوني مصرة أن نكون معًا أنا أخطأت و أريدك أن تعودي، والآن أصبحتُ لا أستطيع العيش بدونك و إذا لم تعود فلن يكون لي وجود في هذا العالم.

علي سيد "كاتب الحياه"

★★★★★★

خسوفُ القمر يأتي كلَّ سنتين وهو يعطي اللون الأحمر الفاتح في هذا الوقت يكون هناكَ الكثير من الناس يشاهدون جمال الخسوف، ويتمنون أن يأتي كل يوم فهذا المظهر الجذاب لا يأتي إلا مرة كل سنتين، وعندما يشاهد الناس هذا المنظر يرتاح نفسيًا ويشعر بشعورٍ جميل.

علي سيد "كاتب الحياه"

مهما كان الزمن، والوقت، والعمر لن يستطيع أحد أن يغير فكرتي عنكِ فأنتِ الشخص الذي قد غيرني، أنا كنتُ شخص سيء للغاية كنتُ أرتكب أخطاء كثيرة، وكنتُ أعلم أنها خطأ حتى رأيتك و عرفتك أنتِ، كنتِ الروح التي سكنت بداخلي أنتِ أعدتي لي الحياة ولا أستطيع التفرق عنك لا أستطيع أن يمر يومي بدون أن أحدثكِ، لا أستطيع أن أعيش حياتي بدونك، أقسم لكِ أني مهما حاولت وفعلت لا أستطيع أن أخفي حبي لكي، أو أن أحاول أن أكرهك فأنتِ من كان لي يشعرني بالحب، والقلق، والخوف، والفرح، والضحك، وأنتِ من كَان يجعلني أبكي أيضًا أنتِ من جَعلني أعيش السنوات والشهور و الأيام التي قضيتها معك أحلى أيام في حياتي أنا أعشقك وأحبك أكثر من الهواء الذي أتنفسه أنا أحبك بحق.

علي سيد "كاتب الحياه"

يا مَن تحبني أعلمُ أنني أحبكَ أيضًا، وإذا كنت تحبني وأنا لا أعلمُ، فاعلم أن ربي يعلمُ أنكَ تحبني، وسوفَ يأتي اليوم الذي سوفَ نلتقي فيه وهذا بأمرٍ من الله إذا كان يريدُ ذلكَ، فأنا أعلم أنكَ تحاول محادثتي ولا تعرف من أين تبدأ وإذا كنت لا تعلم أني أبادلكَ نفس الشعور وفي نهاية الأمر سوفَ تجمعنا الأقدار.

علي سيد "كاتب الحياه"

إذا قولتِ صفة عني سيئة فلم أنساها أبدًا منك إذا اعتذرتِ لي و سامحتك اعلمي أنني لن أنساها أبدًا، وسوف تبقي في ذهني حتى أراكِ تفعلينها مرةً أخرى عِندها لن يكونَ هناكَ مجال للتكلم فيه مع بعض مجددًا حتى لو أنتِ أغلى شيء لدي أنا لن أكرهَكَ، ولكن سوفَ أتذكرها منك، وعندما تقولين لماذا لا تتكلم معي لا تلومي شخص إلا غيرك فأنا حذرتك، ويجب أن تضعيها في عقلك ولكن أنتِ استسلمتي للسانك السام ولأني أحبك فأنا سوف أسامحك في الأولى، والثانية لأني أحبك، والثالثة ولكن اختفت الثقة، والرابعة لن أستطيع التحمل، والخامسة سوف أنتهى من علاقتنا مهما كانت شدتها.

علي سيد "كاتب الحياه"

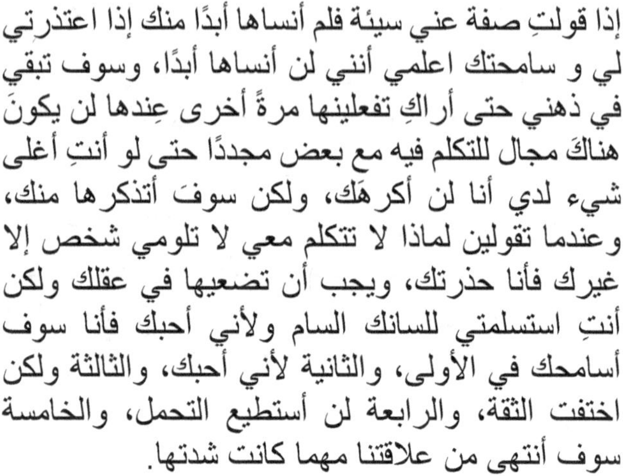

إلى الشخص الذي أحبه أعلمُ أنني سوفَ أحبك حتي تنتهي أنفاسي الأخيرة، لم تكُن الأوضاع في صالحنا ولكن في كل مرةٍ كنتَ علي خاطري وفِكري أريد أن نلتقي نتحدث عمَّا بداخلنا، أعرفُ جيدًا أنك تحبني وأنا كذلكعلنلكن سيأتي اليوم الذي سنقول فيه للجميع عن مدى حُبنا لبعضنا البعض، أنتَ الشخص الذي أحببته من كل قلبي، أريدك أن تعرف أننا إذا افترقنا فسوفَ تَجمعنا الأقدار سويًا، أعلم أننا سَنمر بمشاكلٍ عديدةٍ ولكن بحبنا سنتغلبُ عليها، أتمنى أن تكونَ دومًا على ما يُرام لا أريدُ أن أرى فيكَ شيء يجعلني أحزن لكَ بل أريدكَ دومًا في أمانٍ و خير.

علي سيد "كاتب الحياه"

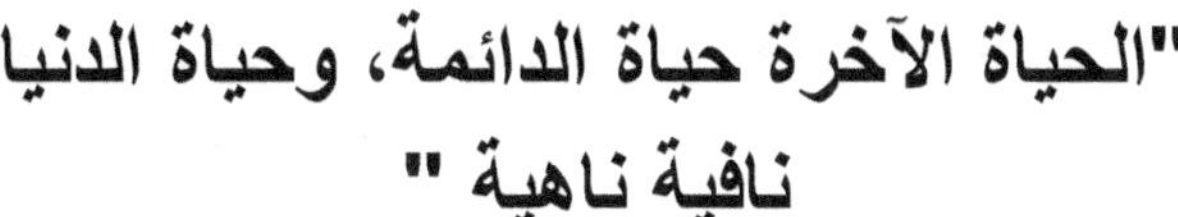

"الحياة الآخرة حياة الدائمة، وحياة الدنيا نافية ناهية "

إنَّ هذه حياة الدنيا لن تكُن حياة، بل الحياةُ الحقيقية حياةُ الآخرة عندَ الله عز وجل لذَا ها أنا أسعى في هذه الحياة الناهية النافية؛ لكسبِ رِضا الله وحياة الآخره الدائمة المستمرة مع الصحابةِ جميعًا، وأحسن خلقِ الله، ونساء المؤمنين لرؤيتهم في الجنة، ورؤية كل وجهٍ صالح، إننا سنقفُ فردًا أمامَ الله عز وجل فردًا؛ لذَا أسعى في هذه الحياة والصعاب وسط كثرةِ هذه الفتن أحاولُ السعي فيما يُرضي الله، وأن كلَ من يعيشُ على رِضا الله، ونهجُ رسولِ الله، ويستمعُ للقرآن فإنهُ يعيش حياة سعيدة، ومَن يَصبر على هذه الصعاب، ومن صعابِ الحياة فإنهُ مفتوح الفرج وإنَّ الله مع الصابرين، وأن الصبر والرضا على مآسي الحياة سَتُفرج، وستَفرح عن قريبٍ، إنه اختبار يُسمى اختبار كسب الآخرة في الدنيا، وإنني على ثقةٍ ويقين بالله بأنها سَتُفرج، وستفرح عن قريب، وإذا لن يَكن في هذه حياة الدنيا سَتكن في حياة الآخرة وإنني أؤمن بالقرآن وبأياتِ الله عز وجل، وقال الله تعالى "عسى أن تحبوا شيء وهو شر لكم، وعسى أن تكرهوا شيء وهو خير لكم"، ويُوجد في كتاب الله العزيز أيضًا لا تحزن إن الله معنا؛ لذا أعمل في هذه الحياة الدنيا

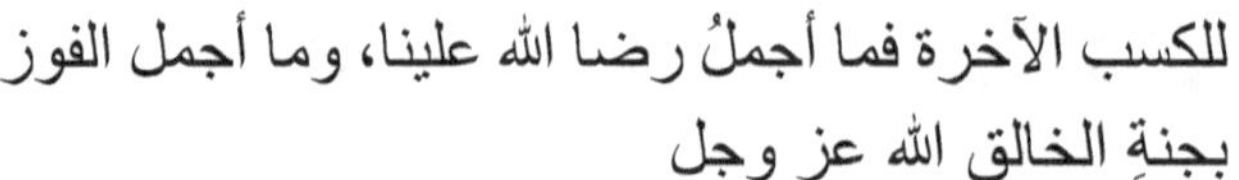

للكسب الآخرة فما أجملُ رضا الله علينا، وما أجمل الفوز بجنةِ الخالق الله عز وجل

"إنها الحياة الحقيقية حياة النهاية الدائمة بالفوز بِرضا الله، والجنة الفردوس الأعلى للرؤية وجه الله عز وجل، ورؤية وجه الرسول، والأنبياء أجمعين، والخلفاء الراشدين، والصحابة جميعًا، والنساءُ المؤمنات العفيفات المطهرات، وأطيب وأضعف خلق الله بالرحمة، والمودة تفوز، وبجبر الخواطر تطيب القلوب، وأنَّ من صار في الطريق جابرًا للخواطر أدرَكتة عنايةُ الله في جوفِ المخاطرِ، وما أجمل أن ينظر الله إلى قلبًا أحد من عباد الله الصالحين".

" ما أجمل الوجه المنير لرضا الله علينا، وما أجمل من رؤية رسولنا الكريم أننا نتبعُ سنتَه في الدنيا فرحًا بِنا أن الله يحبُ إذا عمل أحدًا عملاً صالحًا إنَّ الله يحب المحسنين، أن الله يحفظُ القلوب الطاهرة، ويحميها من كل سوءٍ، وأذى وشر الدنيا، "من يسير في حياة الدنيا النافية الناهية بِرضا الله، والسعي لِكسب الآخره فإنه كسبَ الحياة الحقيقية الدائمة، وليست الحياة الدنيا مهما طال عمرك، ومهما مرت السنين، والأيام، والشهور، اسعى لأخرتك تكن من عبادِ الله الصالحين من لهم نصيبًا في الجنة الفردوس الأعلى اللهم آمين يارب العالمين.

رحمة محمد معوض

«أقنعة مُزيفة على أرضِ الواقع؛ لذلكَ لا تنخدع بالمظاهر».

كثيرٌ منَ الأشخاصِ مُزيفون لا يصلحُ أن يُطلقُ عليهِم رفاق، أقرباءٌ وكثيرٌ منهم محترفين بالأقنعة وذاتَ مهارة بالتغير إلى القناعِ المناسب في الوقتِ المناسب والموقع، ولكل قناع لديهم احترافية استخدامه أينَ، وأنه أكثرُ الأشخاص حقدًا وكراهيةً لكَ وغيرة بداخلهم هم من أنتَ تعتقد أنهم أكثرُ الناس رفقًا لكَ و أكثر من إخوة بالنسبة لكَ هُم من لديهم احترافية التمثيل بتغير الأقنعة أمامكَ وخلفكَ قناع آخر صحيح ملامح وجههم لن يتغير لكن وتترك آثار الملامح بعقولنا وكسرة القلب المخذول والمصدوم، المجروح بداخلنا وإن ملامح لن تتغير لكن حِقدهم وغيرتهم التى بداخلهم هي من تتغير؛ لذا لا تنخدعُ بالمظاهر الكاذبة، والنفاق، والخداع لذلكَ لا أعطى ثقةً كاملةً بأحد ولا الأمان، ولا أن حياتي ستتوقف على شخصٍ ما من يريد أن يظل ليظل و من يريدُ أن يرحلُ فاليرحل، وأكن أنا لا أعطي ثقةً كاملةً إلا حين أن أعرف ما بداخله كاملة ومساعدتهم لي وقتَ مرضي وأزماتي وغيرها من المواقف التي تُثبت أن هذا الشخص لديه أقنعة أم لديه قناعٌ واحدٌ في تعاملِه معي، وإن لا مانع أن يكون لديه أقنعة ولكن يعرفُ مع من يتعامل بهذا القناع ومن يستحقَه، ولكن ليس قناع أمامي بشيء وخلفي بآخر؛

لذا لا تنخدع بالغلافِ الكتاب من الخارج بل اقرأ الفهرس من الداخل و ما يحتوي هذا الكتاب من كلماتٍ و معاني بالداخل مهمة جدًا وهي من تعبر و تدل هل هذا الكتاب مناسب لي أم إنه مظهر خارجي ليشدك له ومن الداخل لا محتوى له ؛ لذا لا تنخدع بالمظاهرِ ولا بعددِ السنين فهناكَ من يُصبحُ رفيقًا لكَ و لن يُكمل عددَ سنواتٍ مناسبة، بل الواقف أثبتت لكَ أنكَ اخترتَ الصواب، وهذا ما يناسبكَ من الأصدقاء لأنَّ المظاهر جَذبتكَ ومَا بالداخلِ جَعله صديقًا لكَ لأن ذات قناع واحد أمامك وقت هذا الإختيار لا تندم على هذا الرفيق الصدوق المحبوب الأكثر من إخوة ؛ لذا لا تنخدع بالمظهر الخارجي لأنه يُقدم أحسن ما لديه واعرف ما بداخلهِ من خلال مواقف مَرت عليك " لذا لا تنخدع بغلاف الكتاب بل اعرف من الفهرس ما بالداخل.

رحمة محمد معوض

محافظة /«"السويس "»

«نتحمل من أجل تحقيق الهدف».

ما أصعبُ هذهِ الحياة؟! قد يتحملُ الكثيرُ من الناسِ من صعابِ هذه الحياة لا أحدٌ ما هُو بداخلِ كل شخصٍ وما يتحمل كل شخص في هذه الدُنيا، هذه الدُنيا صعبة ولكُل فردٍ جُرحٌ خاص به، ويوجد كثيرٌ من الناس يَتحملون فوق طاقاتهم، ولكِن لا يُكلفُ الله نفسًا إلا وسعها وهناكَ بعضُ الأشخاص في حالةِ يأسٍ، وإحباطٍ شديد، وبَعضُهم متحملون هذه الصعاب، وبَعضُهم يُفكرون في الانتحار، وبَعضُهم يَعلمون أنَّ الله معَ الصابرين فهذه الأشخاص هُم الذين يربحُون الأخرة، والدُنيا أيضًا لأنه يعلمُ عوض الله مهما صَار وجع الحياة كالمواسِ الحادة تَجرح عندَ اللمسِ بسرعةٍ رهيبةٍ، كم بَكينا من تحملًا للحياة، كم جرحٌ أصابنا نحن كالأشخاصٍ مختلفون التحمل، ولطاقة، والمواقف، والفكر، وأيضًا مُختلفون فى رد الفعل كم من نزفنا في مواقف مُختلفه، كم من كتمانٍ بداخلنا، وصراعات مُختلفة، أصبحنا لا نتحملُ المواقف، والتعب الصغير الذى يُشبه الخيط الرفيع، والجبال الدابالاتَّة الضعيفة التحمل أصبحت تُأثِر علينا دون جدوى وهذا بسبب الضغط الذي نحن فيه، كم بَكينا من ليالي لا يعلمُ بها أحد، ولكن يكفي أن الله يعلمُ ما بداخلنا، كم مِن طموحًا بِداخلنا، كم من حُلمًا حلمنا به، ونسعى لأجله، و كم من يأس نَمُر

بِه، وكم من أحلامٍ تكبرُ، ولكن سنُظل نسعى ونقاوم لآخر نفسًا، وصدق الذي قال لي طالما لكَ نفسًا فإذًا يوجد لكَ أملٌ، طالما لكَ رب إذًا لا تخافُ، ربُّ المستحيل فلماذا تبكي على ما هو ممكن؟ كُن ذا أملاً احلم اسعى سوف تصل تيقن أنت تستطيع، ولكن أنصحك بأنكَ لا تنظرُ لغيركَ من وصول لأنكَ لا تعلم كم من صعابٍ واجهته، ويمكن تكُن أنت الأحسن في الظروف عمَّا هو مرَ من مواقف اسعى سوف تصل فقط آمن بقدراتك، ونفسك، وأوصل من أجل نفسك وبنفسك سوف تصل صدقني لكن اسعى، وآمن بقدراتِك لكَ رب يحقق المُستحيل فلماذا تبكي على ما هو مُمكن يا صديقي العزيز، كُن أنتَ ذا النجم المُضيء النادرُ فى وسطِ هذا الظلام المُعتم، يا صديقي انهض أنتَ لتكُن أنتِ.

رحمة محمد معوض

محافظة / «" السويس"»

وتأتي في إطارِ ذاكرتي تلكَ الكلمات التي كانت بمثابةِ لحنٍ بالنسبةِ لي لمجرد أنها منكَ أنتَ، أيها اللطيف تلكَ الأيام التي كانت تحييني لمجردِ أني أعيشها بِجوارك، وذلكَ الطريق أ تتذكره التي قلتُ لكَ فيه لا تتركني فبُعدكَ يقتلني، ونظرتَ لي نظرةً لن أنسَاها أبدًا تلكَ النظرة التي كانت بمثابةِ خنجر غَرزَ بقلبي، وكنتَ تعلم أني أتألم بدونكَ، ولكن ماذا فعلتَ تركتني يا عزيزي، وتعلم أن هذا الفراق ذنبٌ فمَا لكَ عن ذنوبكَ لا تتوب.

آلاء أحمد

★★★★★☆

عاصفةٌ اخترقت مدينةَ قلبي الصغيرة حينما ذُكر اسمكَ أمامه، وكنت أغلى سُكانها أنين من الوجعِ داخل تلكَ المدينة، تلكَ المدينة التي استقبلتكَ بكلِ ترحابٍ وسرورٍ، تلكَ المدينة التي احتوتكَ في أعزّ حزنكَ ولكن ماذا فَعلت أنتَ كنتَ دائمًا تقسو وتطلب منها أن تَحن عليك، وكانَ المُقابل أنكَ جعلتها مدينة هجرَها سُكانها بسبب شبح، فبحقٍ الله أ هذا هو العدل؟! ولكن لا بأسَ عزيزي ورغم مرارة البعد ولكن سأطوي الجِراح وأستكملُ السير.

ألاء أحمد

والله، وباللهِ، وتاللهِ لم يَكن الفراق بسهلٍ على قلبي ولكنني قسوتُ عليه مِن أجلِ رغبتكَ من أجلِ نظرة عينيك التي كنتُ أجد فيها " اذهبي وارحلي" من أجلكَ أنتَ يا مَن كنتَ أحبَّ خلق الله إلى قلبي وحينما هذا اليوم المشئوم قلتُ لك شيئًا واحدًا، وهُو أنكَ إذا عُدتُ من جديدٍ وطَرقت بابي والله لأدعسنكَ تحتَ قدمي، والآن تأتي وتريدُ أن تعتذر؛ ياللك من مسكين والآن لتلتقي وعدكَ يَا مسكين.

آلاء أحمد

وعندَ الوداع قلتُ إنها مجردُ أيام ونجتمعُ فما بال الأيام أصبحَت أعوامًا؟!

دائمًا ما كانت تقولُ لي أمي "وعسى ما تمنيتيه باتَ قريبًا يَا اِبْنَتِي.." تمنيته، علم يا رجل أنني و الله لم أرَ ثقلاً على قلبي مثل ثقل تلكَ الأيام اولكنا توجد بها جواري، ولكنني متيقنة أن يومًا ما سيأتي ذلكَ اليوم الذي لطالَمَا تمنيته، وهو لقيَاكَ مجدًا فبالله أنَّ الشوق قَد أتعبَ فؤادي يَا رجل.

آلاء أحمد

يا رفيق بالله أنني أستطيعُ تحمْل كل الألام الشخصية، ولكن آلام تلكَ المحببة إلى قلبي سَحقتني أنني أشعرُ بأنَّ كل تلكَ الطعنات التي وُجِهَت لقلب تلك الساحرة قد وُجِهَت إلى قلبي أولاً.

آلاء أحمد

"الاهتمام"

الاهتمام بداية للحب لا يوجد حبٌ بدون اهتمام، وعدم الاهتمام يُعني النسيان، فالاهتمام لا يُكلف الكثير ويُولد فوقَ العشق عشقًا آخر والاهتمام لن يأتى إلا من قلبٍ يريدك، الاهتمام أهم من الحب، لأن لا فائدة للحبِ بدون اهتمام، الاهتمام فعلٌ لا نحكيه ولا نَكتبه ولكننا نشعر به، فانتبه الاهتمام حين يطلب يصبح لا قيمة له لأنه لا يأتي إلا من مشاعرٍ صادقة، وإذا طلبَ يأتي ميتًا كالوردِ عندما يَذبل، وفي النهاية البعد وعدم الاهتمام وسيلة غايتها النهاية تختصر الكثير من الكلمات.

إيمان حسين

"لا زلتُ أشتاقُ إليك"

لازلتُ أفكر بك، لازلتُ أتمنى التحدثُ إليكَ، لازلتُ أتمنى أن أراكَ حتى و إن كانت صدفةً، لازلتُ أفتقدك، أنا أفتقدك كثيرًا، أنا لا أتحمل كل هذا الفراق والبعد عنكَ، فكيفَ لك أن تتركني وحدي و تعلم أني بحاجةٍ إليكَ، أنا أحتاجكَ لقد اشتقتُ إليكَ كثيرًا.

إيمان حسين

"أين أنت"

وأني اكتفيتُ من الحديثِ عنكَ وسؤالي المتكرر الذي لا فائدة له، أينَ أنتَ أنا أحتاجُ إليكَ، وأشتاقُ لكَ لكني أحاولُ إقناعَ نفسي بأنكَ لستَ بحاجةٍ إليَّ، لقد تَحطمَ قلبي من عدمِ سؤالك عني صدقني لقد اشتقت لحديثي معكَ أسأل الله دائمًا أن أراكَ بأفضلِ حالٍ، حتى وإن لم تكُن معي، ورُغمَ البعد الذي بيننا لا يُوجد أقربُ منكَ إلى قلبي.

إيمان حسين

☆☆☆☆☆☆

"الصمت"

الصمتُ يا صديقي لغة العظماء، ولا يقدرُ أحدًا أن يُتقن لغة الصمت، وأحيانًا الصمت يكون كردةِ فعل على شيء ما، والصمت يتصفُ بأنه هو العلمُ الأصعب من علم الكلام، ويصعبُ أحيانًا تفسير الصمت وهو أفضل جواب لبعض الأسئلة، وقال لقمان الحكيم لولده "يا بني إذا افتخرَ الناس بحسنِ الكلام فافتخرْ أنتَ بحسنِ صمتكَ "، عندما يعجزُ اللسان عن الحديثِ وتعجزُ الجوارحَ عن التعبير يبقى الصمتُ هو المُعبر الوحيد عمَّا يؤلم الإنسان، فعندما يصمتُ الإنسان يُفكر بطريقةٍ صحيحةٍ، فالصمتُ خير من حديثٍ بلا فائدة.

إيمان حسين

" الابتلاء "

قد يظنه الناس شيئًا سيئًا ولا يتحملون البلاء الذي ابتلاهم الله به، سواءَ كان ابتلاء في الأولاد، أو المـال، أو المرض وغيرهم من الابتلاءت، وقد يعترضون علي أمر الله، والابتلاء يكونُ من عند الله ـ عز وجل ـ ليختبر به قوةَ صبر عباده هل سَيصبر على الابتلاء أم لا فأمرُ الله نافذ، فالأفضلُ الصبر على الابتلاء، وقيلَ أنه إذا أحبَّ الله عبدًا ابتلاه، وقيل أيضًا أن أشد الناس ابتلاءً الأنبياء ثم المومنين ثم الأمثل فالأمثل، والله يبتلي العبد لكي يتقربَ إليه بالشكرِ والتقرب إليه بالعبادةِ، والطاعة، وزيادة الإيمان وهناك من يبتليه الله ـ عز وجل ـ فيضيق عليه رزقه فيظن أن ذلكَ لهوانه على الله فيقول ربي أهنني، وكما ورد في كتاب الله ـ عز وجل ـ قال تعالى " وأما إذا ما ابتله فقدر عليه رزقه فيقول ربي أهنني " " سوره الفجر "

إيمان حسين

"الحياة"

الحياةُ كلمةٌ صغيرة، لكنها تَحمل جميع المعاني، فالحياةُ هي الناس والأيام و الأحداث، وهي الحزن، والفرح، وهي العائلة والأصدقاء وغير ذلك، فالحياة خليط من كل شيء، و قد تَختلف تبعياتها بين شخص وآخر لكن رُغم هذا الاختلاف تَبقي الحياة بمعناها الواسع، الذي لا يمكن لأي شخص أن يحيط به علمًا من جميع النواحي، وقد قِيل في الحياة أعظم المعاني وأعمقها، لكن لم يستطعُ أي أحد وصفها بمعناها الحقيقي، فالحياةُ بحرًا واسع مليء بالأحداث الكثيرة والمتناقضة، فأحيانًا تظهر بوجهها الجميل وأحيانًا تظهر بوجهها الكئيب، لكن رُغم كل هذه التفاصيل تبقي الحياةُ جميلة بكل ما فيها، وهي مليئةٌ بالتجاربِ التي تمر على الإنسان وتعلمه الكثير لتصنع منه إنسانًا خبيرًا وعالمًا بخفاياها، فالحياةُ تحتاج أيضًا إلى الصبر والثبات، لأنها قادرة على تغير الكثير من الأشخاص وتبديل مواقفهم ومبادئهم، لذلك الحياة بمثابةِ اختبار صعب يمر به جميع الناس وهي جسر لعبور الحياة الأخرى التي أخبر الله _ عز وجل _ بها لذلكَ يجب على كل شخص أن يكونَ محسنًا في حياته و ملتزم بجميع الواجبات اللازمة عليه، وأن يكون فيها كعابر سبيلٍ، يحاول ألاً يفعل إلا الخير وأن يقضي حياته فيها بالعملِ لا بطولِ الأمل، لأنَّ الحياة تحتاج إلى الجهدِ والإجهادِ، وليس للأقوال فقط، لأن الحياة قصيرة ولا تتحمل التأجيل.

إيمان حسين

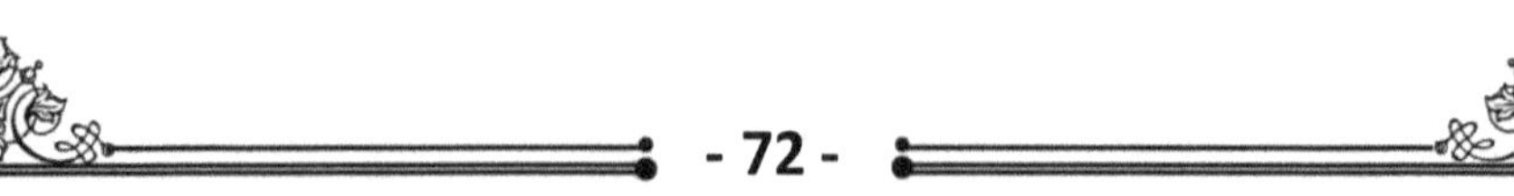

"هذه أنا"

لستُ أجمل من ستراها ولستُ أقبحهم أيضًا، لأني لستُ ملاكًا ولستُ شيطانًا أيضًا، هذه أنا أجدُ البساطةَ راحةً، وأُزيح عن قلبي الغرور، هذه أنا أملكُ بعض الصفات التي لا تتواجَدُ عند الكثير لدي روحٌ جميلة، وهادئة، وصافية لا تَحقد على أحدٍ، ولديَّ نفس راضية بما قسمه الله لها، هذه أنا أهتمُ بالأشياءِ البسيطة التي قد يراها البعض ليسَت مهمة أو عادية أنا أتحمل، وأكتم الكثير، وأبتسم رُغمَ ما بداخلي.

إيمان حسين

☆☆☆☆☆☆

"أحببتك"

أحببتكَ أكثر ممَّا ينبغي نعم لقد أحببتكَ كثيرًا، لا أدري كيفَ علقتَ في ذهني هكذا لا أدري حقًا، ولكن كل ما أعلمُه أنكَ لا تفارقُ تفكيري، أنتَ معي دائمًا، فأنا أحبكَ كثيرًا لا أستطيع أن أتخيّل حياتي بدونك، وسأدعوا الله دائمًا أن تظل معي، سأبقى أحبكَ حتى ينتهي الحب من الوجودِ أو أنتهي أنا، ويبقى حبك على قبري ورود، وأنا مُمتن جدًا للحياة التي جَمعتني بكَ، لا يهم كم يبقى لي من عمرٍ المهم أن أبقى العمر كله معك.

إيمان حسين

"أحببت وغدًا"

أحببتكَ كثيرًا ومَا كانَ مقابل حبي لكَ غير تحطيم قلب، وكسر خاطري، فأصبحَت حياتي لا معنى لها، أصبحَت حياتي كالرماد، أصبحتُ لا أبتسمُ ولا أتكلم مع أحد، ولا أذكرُ شيء سواء اسمك ـ اسمك فقط ـ كل ما كان في ذهني هو أنت فقط، وأنت قد غدرت بي، عفوتُ عنكَ كثيرًا، ولكن أنتَ شخصٌ ليس لديه قلبٌ ولا رحمة، وشخص ليس لديه أي وفاء بالوعود.

إيمان حسين

"ماذا لو"

ماذا لو أنَّ الليلة قال الله لأمنيتكَ كوني فكانت! ماذا لو رزقكَ الله بدموعِ الفرحة الليلة، ماذا لو أن الله يرتب لكَ ما تتمناه، يعلمُ الدعاء الذي تلحُّ به في كل سجدة، يعلمُ الله أين كسر قلبك وسيجبره يومًا، يعلمُ مرادكَ وسَيدهشك بتحقيقه لكَ قريبًا بأجملِ ممَّا تمنيتُ، يعلم صبركَ وقوة تحملك وسيمطر سماء روحكَ بعوضٍ جميل لم يكن يومًا تتخيله، وماذا لو ما تدعو به الله هو مقدر لك من الأساس، ماذا لو رزقك الله بدموعِ الفرحة وقال لأمنيتكَ كوني فكانت، ثق بربكَ سيستجيب.

إيمان حسين

"ابتسم"

ابتسم فالحزنُ يأخذ منكَ أشياءً كثيرةً، ولا يأتي بشيء، ابتسم فنحنُ لن نعيش كثيرًا، ابتسم فالدنيا فانية ولن نأخذ منها شيء سوى أعمالنا فقط، فقال رسول الله صلَّ الله عليه وسلم (التبسم في وجهه أخيك صدقه)، فالتبسم صدقة، وراحة للنفس، ابتسم مهما كانَ الأمر مزعجًا ومرهقًا، ابتسم فكلنا راحلون يا صديقي.

إيمان حسين

"محبوبتي"

أحببتكِ ؛ نعم لقد أحببتكِ كثيرًا، لا أعلمُ مَا كل هذا الحب، والحنان، والعطفُ الذي أتاني منكِ، لكن أنا أريدُ أن تعلمي أنكِ بداخلي ومعي في كل وقتٍ، أنتِ معي دائمًا، عندمَا أفرحُ أشتاقُ أليكِ، وعندما أحزنُ أشتاق إليكِ، وعندمَا أنكسرُ أحتاجك وعندمَا أنجحُ أحتاجكِ أيضًا، أشتاق إليكِ وأنتِ بعيدةً، بالرغم من أنكِ مُستقرة داخل أعماقي، أروع القلوب قلبكِ وأجملُ الكلام همسكِ، وأحلى ما في حياتي أنكِ معي، أنتِ وردة فواحةً وجميلة تفوحُ حنانًا كحنانِ أمي، مكانكِ داخل قلبي محفوظ لن ولم يتغير مهما مرَّ عليه الزمان لأنكِ حقًا عزيزة على قلبي، وسأبقى أحبكِ طوال عمري، الحمد لله الذي رزقني إياكِ حبيبة لقلبي.

إيمان حسين أحمد

"التواضع"

قبلَ أن أتحدثُ مَعكم في هذا الموضوع أريدُ أن أكتبُ بعضَ الآياتِ من القرآن التي تُحثنا على أهمية التواضع، لأنها من صفاتِ أهل الجنة ، قالَ تعالى (ولا تصعّر خدكَ للناسِ ولا تمشي في الأرضِ مرحًا، إن الله لا يُحب كلَّ مختالٍ فخور)_" سورة لقمان، آيه 18 "_ أي ولا تَمل وجهكَ عن الناس إذا تحدثوا إليكَ، احتقارًا منكَ لهم واستكبارًا عليهم، ولا تمشي في الأرضِ بين الناس مختالاً متبخترًا، إنَّ الله لا يحبُ كل متكبرًا متباه في نفسه وهيئته وقوله، فمن نحنُ حتى نتكبرُ على بعضنا البعض، كان رسول الله _ صلَّ الله عليه وسلّم _ أعظمَ الخلق و كانَ في قمةِ التواضع فمن نحنُ حتى نَتكبر، وهناكَ أيضًا أحاديث نبوية تُحثنا على التواضع، وسأكتبُ لكم حديثًا أيضًا يَنهانا عن التكبر، قالَ رسولُ الله صلَّ الله عليه وسلّم (لا يدخل الجنة من كان في قلبه مثقالَ حبة من كبرٍ)، فالتواضعُ مِن الأخلاقِ العظيمة، فلذلكَ لا نَجدُها عندَ الكثير، تواضَع حتى تَكن كالنجمِ لاح النظر، على صفحات الماء وهو رفيع، ولا تكُن كالدخانِ يعلو بنفسهِ إلى طبقات الجو وهو وضيعٌ.

إيمان حسين أحمد

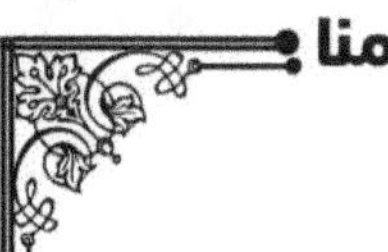

"الإسلام"

_ هو الاستسلام لله _ عز وجل _ بالتوحيدِ و الانقيادِ له بالطاعةِ في تنفيذ ما أُمر به و اجتناب ما نُهي عنه، والابتعاد عن الشركِ سواء كان شرك أكبر أم شرك أصغر، وللإسلام مرتبة عظيمة، ويتمتعُ الدينُ الإسلامي أيضًا بمجموعةٍ من الخصائص التي تميزه عن الأديان الأخرى أي أنهُ من عند الله _ عز وجل _ أنَّ الله هو الذي وَضعَ أحكامه، ووضَعَ الأوامر و المُحرمَات التي ينبغي أن نبتعدُ عنها، ويُقصد بعمومِ الإسلام أنه الدين الصالح لكل الناس وكافة الطبقات، حيث جَعلهُ الله _ عز وجل _ خاتمَ الديانات رحمةً للعالمين جميعًا، ويتحلى الإسلام بمجموعةٍ من الصفات التي تدفع الكثير من الناس الدخول في الاسلام و منها مثلاً التسامح، والأمانة، والإخلاص، والعفو، والأمر بالمعروف، والنهي عن المنكر، وقوة الشخصية على الحق و العطاء و البذل تجاه الغير، اعتز أيها المسلم بدينك لأنه أعظم الديانات السماوية.

إيمان حسين

"أيقنتُ أن الله يا قلبي معكَ"

أيقنتُ يا قلبي أن الله معك، تيَقن أن قلبًا مع الله لا يتأذى، هو لم يُضيقها عليك بلطفهِ إلا لتنطقُ اسمه كي يسمعكَ، ما وَدعك وما قليٰ، وكلما تأخَر عليكَ شيء وطالَ انتظاره عليكَ استبشر خيرًا إنه سيؤتيكَ أجَمل ممَّا تتخيل، لأن ربكَ أبدًا لا ينساكَ يومًا، الله معكَ دائمًا لا تيأس يا قلبي، فالله يعلمُ ما تريد ويعلمُ ما بداخلكَ، ويعلم مَن كسركَ، ويعلمُ كل ما تريده، فأطمئن يا قلبي، فالله لن يخذلكَ أبدًا.

إيمان حسين

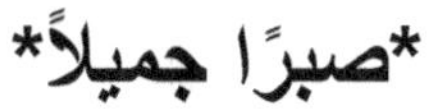

صبرًا جميلاً

الشيء الوحيد الذي يَمدني بالصبرِ على مرارة الأيام ألا
وهو أني مفارقة لا محال لا أدري أ هذا صحيح أم أنها
رغبةٌ تتمكن داخلي ؟

رانيا عبد الله

إليكِ يا صديقتي

إلى صديقتي البعيدة القريبةُ من القلبِ، نحنُ نعيشُ أيام
أكبرُ منَّا يا رفيقتي، وصعابٌ تكادُ تعجِزنا، وكسرة قلوبٌ،
وتدميرُ أحلام، وحزن مستَمر يَكاد يُخنقنا ويقطَع أنفاسنا،
ولكن ألا تتذكرين مَن نحنُ فنحنُ الأقوياء يا رفيقتي، ألا
تتذكرين كم من صعابٍ مَرت مرور الكرام بإذن الله
ونحنُ كمَا نحنُ لا يَهابنا شئ نحزنُ ونفرح، نتعثرُ ونَقِف،
نتأخرُ ونتقدمُ نحنُ الأقوياء يا صديقتي.

رانيا عبد الله

أنتَ وأنا

أتدري ماذا ؟!

أتخيلُ نفسي ألمسُ السحابَ فرحًا وأسبقُ الخيلَ سعادةً، وقلبي يرقصُ لهوًا و لعبًا وأنتَ تناظرني فرحًا لفرحي؛ لأنكَ تراقبتَ وجَعي، وحُزني، ومَرضي أيضًا في هذا الوقت لا أريدُ مِن الدنيا شيئًا آخر أعطَاني اللهُ مَا تمنيتُ أنتَ وأنَا وأربعةَ أطفال يمرحُون معي، وبيتًا يُدفِئنا باللهِ ألا تتمنون ذَلك.

رانيا عبد الله

☆☆☆☆☆☆

برهةً منَ السعادةِ

لِماذا نحن هنا لماذا ؟

لما لم يكُن لنا قسطًا منَ الراحةِ لماذا لم يَكن لنا نصيبًا مِن الأفراح؟

نحن هُنا أيها الجميلُ الذي يدعي الفرح نحن هنا نكافح من أجلِ الوصول إليكَ نقاتل من أجلِ برهةً من السعادةِ نحن هنا يا سادة.

رانيا عبد الله

نحنُ المحطمون

نحنُ هم مَن صنعوا البدايات ولم يَكُن لنا شيء في النهايات، نحنُ الأحلام والأفراح التي لم تبدأ بَعد، نحنُ أصحابُ اللهفةِ التي تكمُن خَلفَ الجدار خوفًا من الأشخاصِ، نحنُ الذين حاربوا بكلِ قوةٍ وحماس ولم نَنَل شيء غير الخذلان، نحن الذين أدخلوهم قطارِ الحياة رُغم عن أنفنا ولم تكن لنا إرادة النزول نحن من سكنَ الهمُ قلوبهم في مُقتبلِ العمر وشاب شعر القلب، نحنّ القلوب المكسورة، نحن حسرة السنين، نحن الثبات وعدم الإنجاز، نحنُ من احترمنا عادات وتقاليد مجتمعٍ مظلم وعقول مريضة، نحنُ هم أصحاب العقول المشوشة والأجسام المريضة، نحن المحطمون.

رانيا عبد الله

الفهرس